MINECRAFT 我的世界
小巧的建筑

童趣出版有限公司编译　人民邮电出版社出版
北　京

图书在版编目（CIP）数据

我的世界 小巧的建筑 / 魔赞公司著；童趣出版有限公司编译；李然译. -- 北京：人民邮电出版社，2022.8
ISBN 978-7-115-59326-9

Ⅰ. ①我… Ⅱ. ①魔… ②童… ③李… Ⅲ. ①智力游戏—少儿读物 Ⅳ. ①G898.2

中国版本图书馆CIP数据核字(2022)第085885号

著作权合同登记号 图字：01-2022-1611

Original English language edition first published in 2022 under the title MINECRAFT BITE-SIZE BUILDS by HarperCollins Publishers Limited, 1 London Bridge Street, London SE1 9GF, United Kingdom and 103 Westerhill Road, Bishopbriggs, Glasgow G64 2QT United Kingdom.
Copyright ©2022 Mojang AB. All Rights Reserved. Minecraft, the Minecraft logo and the Mojang Studios logo are the trademarks of the Microsoft group of companies.
Simplified Chinese language translation ©2022 Mojang AB.
All information and stats are based on Minecraft: Bedrock Edition.

本书中文简体字版由哈珀柯林斯出版有限公司授权童趣出版有限公司，人民邮电出版社出版发行。未经出版者书面许可，对本书的任何部分不得以任何方式或任何手段复制和传播。本书只限于中华人民共和国境内（香港、澳门、台湾地区除外）销售，任何在上述地区以外对本书的销售行为，均构成对权利人的权利侵犯行为，应承担相应法律责任。

译　　　　者：李　然
责任编辑：史苗苗
责任印制：李晓敏
封面设计：林昕瑶
排版制作：辰征文化（北京）有限公司

编　　译：童趣出版有限公司
出　　版：人民邮电出版社
地　　址：北京市丰台区成寿寺路11号邮电出版大厦（100164）
网　　址：www.childrenfun.com.cn

读者热线：010-81054177
经销电话：010-81054120

印　　刷：北京宝隆世纪印刷有限公司
开　　本：889×1194　1/32
印　　张：3
字　　数：90千字
版　　次：2022年8月第1版　2023年9月第3次印刷
书　　号：ISBN 978-7-115-59326-9
定　　价：38.00元

版权所有，侵权必究。如发现质量问题，请直接联系读者服务部：010-81054177。

序言

欢迎来到《我的世界 小巧的建筑》！这本书收录了《我的世界》里很多有趣的小型建筑的搭建方法。你可以尝试搭建仙子树屋、消防飞机、充气城堡等很多建筑。书里还有超级英雄飞行学校的搭建教程，是不是很酷呀！

在玩《我的世界》时，你总是有更多东西需要学习，但是不要担心！这本书里有详细的分解图和步骤说明，可以指导你从头到尾完成搭建。随着搭建的进行，完成每个作品都可以让你学到新的技巧。这些建筑的体积从小到大，搭建过程从简单到复杂。你可以尝试反复练习，发现更多的窍门。

这本书收录了不少有创意的建筑，而且我们也鼓励你拥有更多创意。如果你觉得用不同种类的方块，或者微调一下结构，会让你的设计看起来更好，也可以遵从你的直觉，把这些建筑建成自己独有的样式。很快，你就会向朋友们展示你不可思议的搭建天赋。

目录

通用建造技巧	1
树林中的苦力怕	4
毒蘑菇房子	6
热带海滩上的小木屋	10
警报系统	14
幸存者的保险库	16
密码锁	20
仙子树屋	22
超级英雄飞行学校	26
物品销毁器	32
消防飞机	34
射击长廊	38
节日迷宫	42
火车站	44
矿车收集器	50
充气城堡	52
中世纪的风车磨坊	56
传送门切换键	60
露天圆形剧场	62
隐藏地堡	68
海豚喷泉	74
鸟舍金字塔	76
深海潜艇	82
水下气闸室	86
组合挑战	88
结束语	90

通用建造技巧

　　这本书里的搭建教程对新玩家和老玩家同样适用。无论你是第一次玩《我的世界》的新手玩家,还是经验丰富的老玩家,书中的一些通用建造技巧都可以帮助你完成建造,让你充分享受游戏的乐趣。

创造模式

我们需要在创造模式中搭建这些建筑。创造模式是《我的世界》中最便于建造的模式。在游戏中,你可以无限制地使用所有方块,也可以随意移除它们。如果你喜欢挑战,则可以选择生存模式,在这个模式中也能建造建筑物,但是你需要花费更多的时间做准备。

建造准备

开始建造之前,你需要花点儿时间看看说明,考虑一下你想把建筑搭在哪里,完成建造需要多大的空间。一定要给自己留出足够大的空间来建造。

临时方块

你可以使用临时方块测距，放置浮空的方块。使用临时方块还可以帮你解决很难处理的方块放置问题。

用不同颜色的方块来计算尺寸。这一行相当于 13 个方块。

使用临时方块有助于放置浮空的方块。

快捷栏

大多数建筑会用到很多不同的方块。你可以把方块放到快捷栏，这样就能快速选取。如果没有足够的空间，你最多可以在"已保存的快捷栏"窗口保存 9 列方块。

方块的放置

在可交互方块旁边放置一个方块是需要耐心和技巧的。比如，在附魔台旁边，如果点击鼠标把方块放下，你反而会和可交互方块互动。所以，你需要先潜行，然后再点击放置方块，这样才能避免与可交互方块互动。

树林中的苦力怕

使用基本的几何体,你就可以建造出很多令人印象深刻的建筑。下面将会向你展示如何将正方体和长方体组合起来,建造出经典的敌对生物苦力怕。快来向入侵的敌对生物展示一下吧,你并不畏惧它们!

难度:★☆☆☆☆
⏲ 10 分钟

建造技巧

用临时方块把苦力怕的脚和身体连在一起。搭建好之后,再把这些临时方块拿掉。

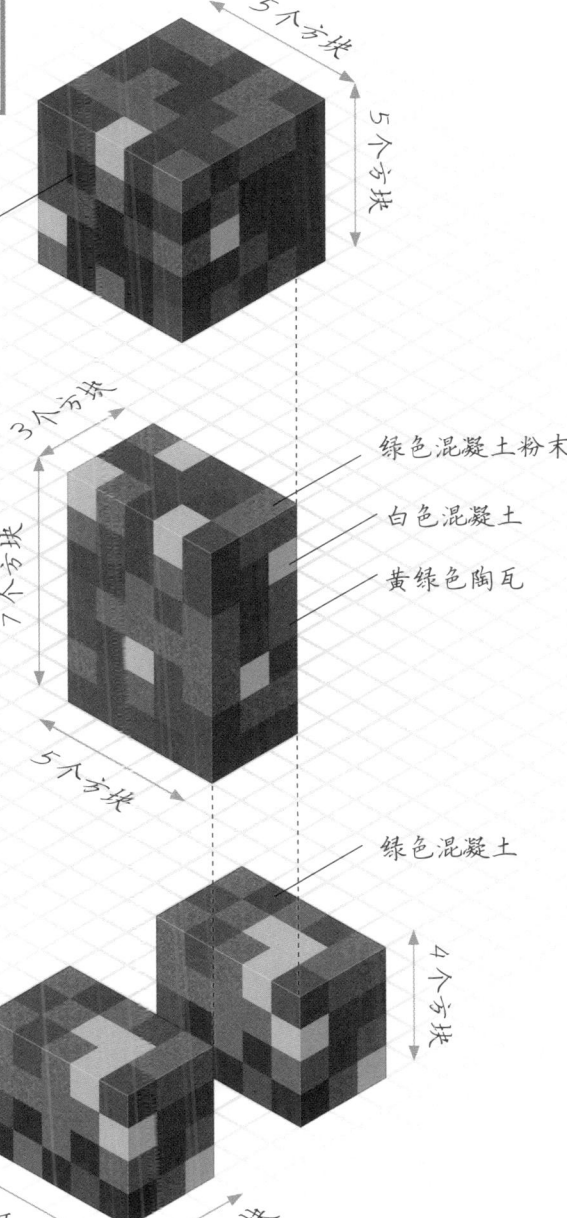

灰色混凝土

5个方块
5个方块

3个方块
7个方块
5个方块

绿色混凝土粉末
白色混凝土
黄绿色陶瓦

绿色混凝土

4个方块

绿色陶瓦

5个方块
3个方块

毒蘑菇房子

没有什么比坐落在古老的、被人遗忘在森林边上的毒蘑菇房子更神奇的了。这所房子周围还有一套女巫小屋,冒险童话需要的所有东西,这所房子里都有。

难度:
★★★☆☆
◷ 30 分钟

1

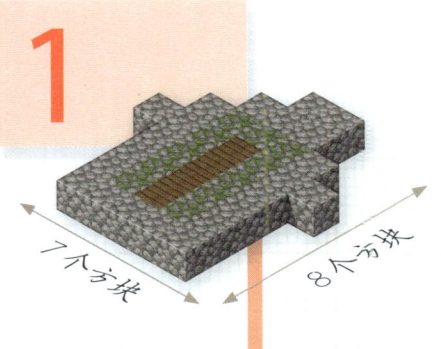

首先，用圆石、苔石和云杉木板建造出毒蘑菇房子的地基。圆石勾勒出了地基的轮廓。

2

用苔石和蘑菇柄从地基的边缘开始建造墙壁。在地板上放一扇云杉木活板门，把它打开，然后潜行，在门后放一架梯子。另外，门两边各放置1个箱子。

3

继续用苔石、蘑菇柄、云杉木板和玻璃块建造墙壁。在步骤2的基础上，再用一扇橡木活板门和两架梯子延长高度，并在入口放一扇橡木活板门。

4

在门口上方放置3块苔石和1块云杉木板，接着用橡木楼梯和橡木台阶建造出屋顶。然后用2个3×3的蘑菇柄环来建造毒蘑菇柄，并将梯子穿过毒蘑菇柄向上延长。

5

接着，往上建造5层毒蘑菇柄。最上面两层要更大一点儿，做成毒蘑菇菌盖的形状。将梯子再次穿过毒蘑菇柄向上延长。

6

然后，用5×5的蘑菇柄、云杉木板和红色蘑菇方块建成毒蘑菇的菌盖。在云杉木栅栏上挂上灯笼，然后沿着毒蘑菇柄向下附上藤蔓。

7

发挥创造力，装饰内部空间。这个房间里有一张床、一个储藏室和一个记录冒险故事的讲台。

用红色蘑菇方块、云杉原木和云杉木台阶为菌盖增加细节。把梯子延长到顶层，并在上面放一扇云杉活板门。

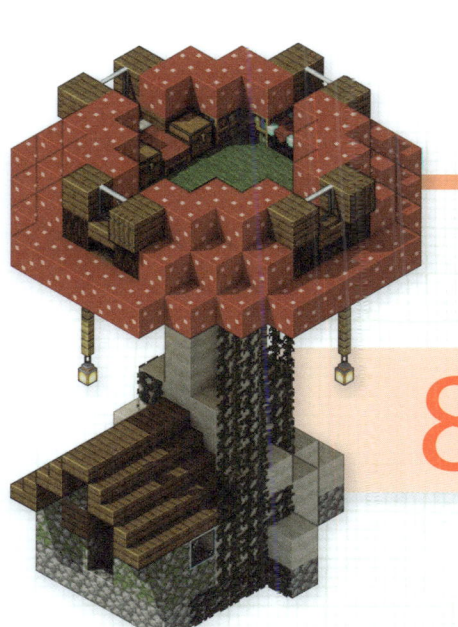

用云杉木板、玻璃板和云杉木活板门在毒蘑菇菌盖的每面各建造一扇窗户。然后,将红色蘑菇方块呈"之"字形排列,把每扇窗户连起来,这样就让毒蘑菇的菌盖变成了菱形。

8

9

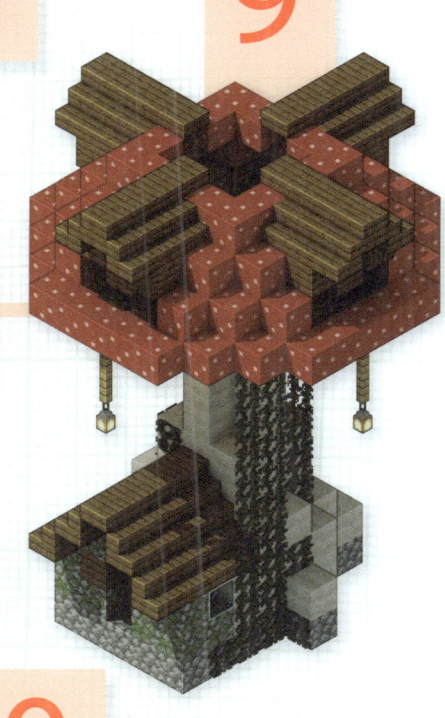

用云杉木楼梯和云杉木台阶在每扇窗户上面加上屋顶。然后用更多的红色蘑菇方块把屋顶两两连在一起。

10

再往上搭建一层红色蘑菇方块。最后,在屋顶处加上1层3×3的红色蘑菇方块,整个毒蘑菇房子就建造完成了。现在,你的毒蘑菇房子可以参加冒险了。

热带海滩上的小木屋

海滩是制造回忆、忘掉悲伤的地方。这个一居室的小木屋是完美的度假胜地。在这个有趣的地方,你可以钓鱼、游泳,还可以用营火做饭,甚至有私人码头和海景阳台供你休闲娱乐。

难度:
★★★☆☆
⏱ 30 分钟

1

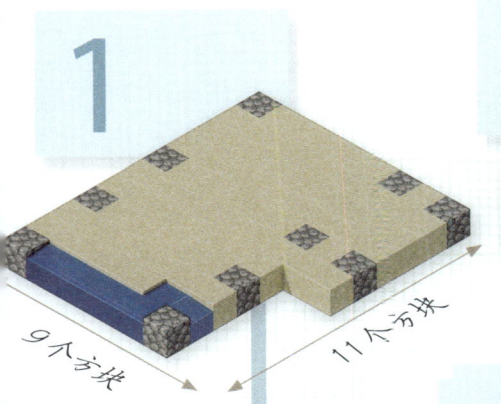

寻找一个漂亮的海滩，用圆石和沙子开始建造小木屋的地基。如果水比较深，可以把圆石延伸到海底。

2

参考图示，放置2个方块高的橡木柱，让小木屋高于地面。然后，用金合欢木台阶铺设地板。在后方角落，相间铺上灰色混凝土和白色混凝土当作厨房区域。最后，放置通往门口的金合欢木楼梯。

3

3个白桦木楼梯制作一个长椅。

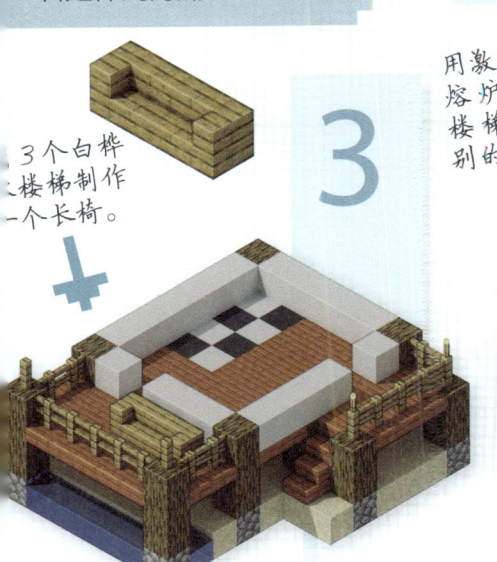

用白色混凝土和橡木砌墙。然后，用橡木和橡木栅栏搭建栏杆。接着，在门口附近放置2个火把。

4

用激活铁轨、熔炉和石英楼梯做出特别的炉子。

用平滑石英块、橡木和玻璃板继续砌墙。然后，为厨房自制炉子，并加上橡木门。用旗帜、床和箱子装饰房间，用脚手架和白桦木活板门制作桌子。

11

5

继续用橡木和白色混凝土搭建墙壁。然后,分别在前后两面墙的中间放 3 个平滑石英块,用来支撑屋顶。

6

用暗海晶石和金合欢木台阶建造屋顶。先用暗海晶石把屋顶的轮廓搭建出来,然后再铺好金合欢木台阶。

7

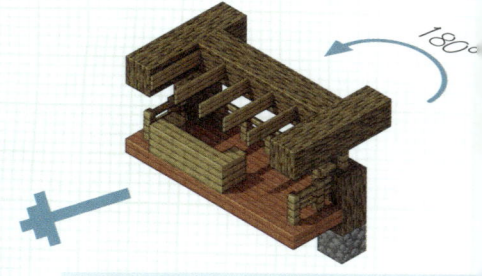

用橡木在走廊上方做一个"H"形状的结构,给小木屋增加一个藤架。接着,用橡木告示牌在藤架上加一些横条。

建造通往门口的沙砾路，并用白桦木活板门和泥土做出花坛。最后，给小木屋添加一些必需的物品，你就可以坐下来好好享受柔和的海风了。

小木屋必备物品

没有码头和营火的海边小木屋是不完整的。而且，如果你游泳的话，还需要毛巾架。最后加上这些物品，你的小木屋就建造完成了。

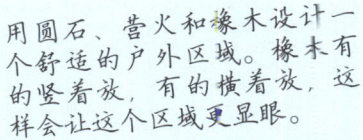

用圆石、营火和橡木设计一个舒适的户外区域。橡木有的竖着放，有的横着放，这样会让这个区域更显眼。

你可以用橡木栅栏和金合欢木台阶制作毛巾架。从台阶处挂上旗帜，这样看起来就像是在晾干毛巾。

用橡木和金合欢木台阶在水边建造码头。用栅栏上的火把将它照亮，这样，不论白天还是晚上，你都能找到小木屋。

警报系统

你可以用围墙和陷阱保护基地不被敌对生物入侵,但是你又该如何阻止狡猾的玩家呢?当然是用警报系统!这个建筑会向你展示如何使用简单的红石装置来保护值钱的物品免遭不速之客破坏或者偷走。

难度:
★★☆☆☆
🕒 20 分钟

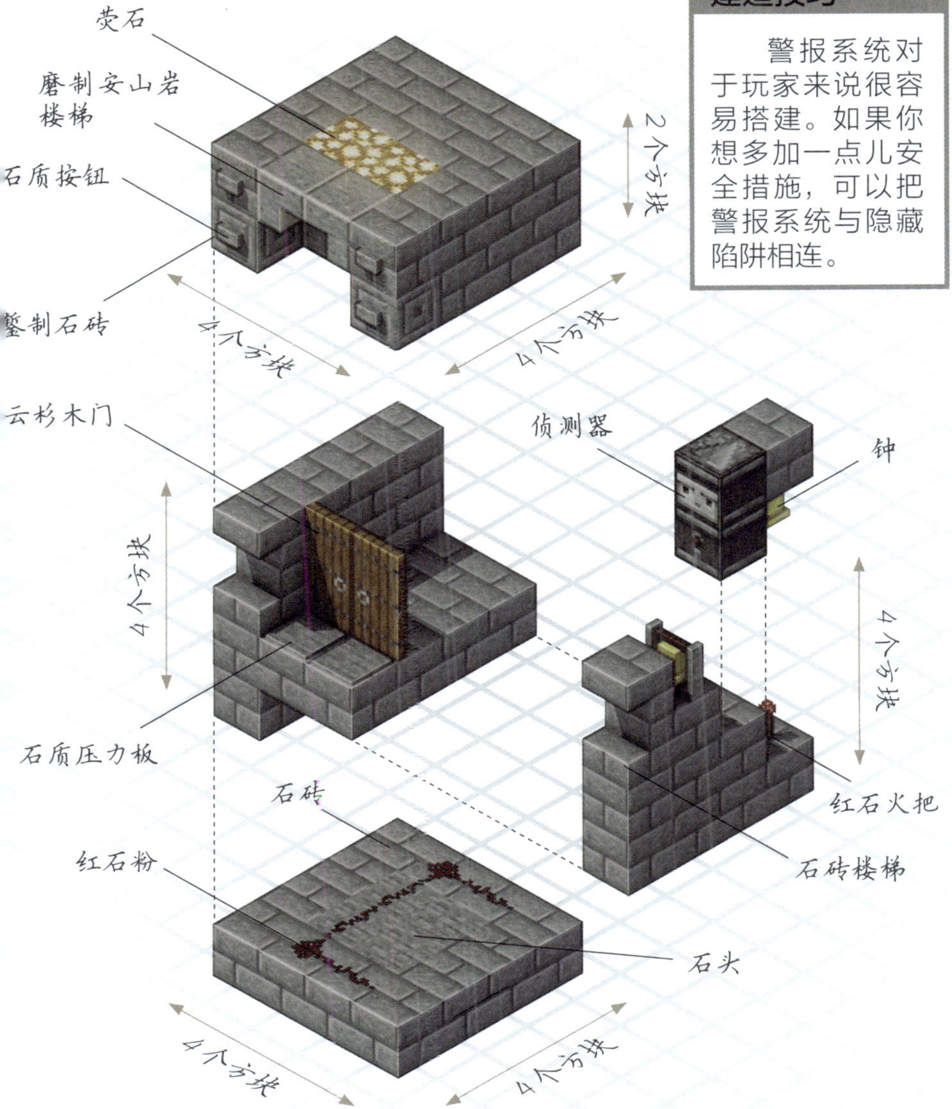

建造技巧

警报系统对于玩家来说很容易搭建。如果你想多加一点儿安全措施,可以把警报系统与隐藏陷阱相连。

荧石
磨制安山岩楼梯
石质按钮
錾制石砖
2个方块
4个方块
4个方块

云杉木门
侦测器
钟
4个方块
4个方块

石质压力板
石砖
红石火把
石砖楼梯

红石粉
石头
4个方块
4个方块

红石装置

这个警报系统使用了简单的红石电路来激活钟。门口的压力板被连接到可以激活钟的红石火把上。当玩家踩到压力板的时候,钟就会发出声音警报。

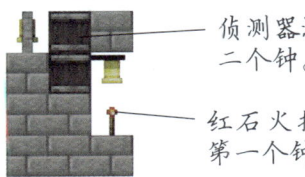

侦测器激活第二个钟。

红石火把激活第一个钟。

幸存者的保险库

在《我的世界》中，有成百上千种不同的方块和物品可以使用，储存箱有点儿乱是理所当然的。对于任何幸存者基地来说，地下保险库都是个不错的扩建部分。有了它，你可以立刻找到所需要的方块。

难度：
★★★☆☆
⏱ 30 分钟

1

首先，挖一个9个方块深的基坑，并在底部挖出面积为9×9的区域，用圆石、圆石楼梯和石砖为保险库建好地基。

2

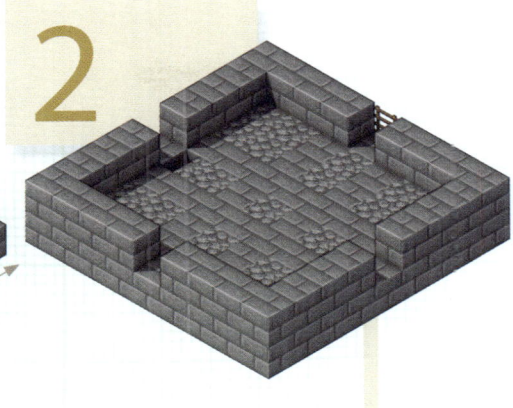

开始在地基四周砌墙。在每个墙壁的中间留个缺口，并选取其中1个缺口放一架梯子。

3

分别在每面墙上放置2个箱子。在每个箱子两边都放上石砖，还要在已有梯子的上方再放一架梯子。

4

如图，用石砖和铁栏杆再砌1层墙。在门口倒着放1个石砖楼梯。

将营火放在 1 个炼药锅里用来照明。这是一个很特别的设计方案。

5 用磨制黑石按钮、灯笼和效用型方块给保险库的内部增加细节。这个保险库里有铁砧、砂轮、熔炉和工作台。

6 用石砖、云杉木台阶和圆石楼梯搭建二楼的阳台,这样可以增加保险库的储存容量。把梯子延长到新阳台上。

7 沿着墙壁多搭建 2 层石砖,然后在间隙处再放 8 个大型箱子,在两面墙的壁凹处各放 1 个箱子和 1 个灯笼。

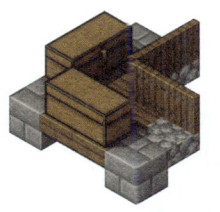

用云杉木活板门在阳台周围搭建栏杆。

给保险库的墙再加最后1层石砖,然后用石头方块封上保险库的顶部。

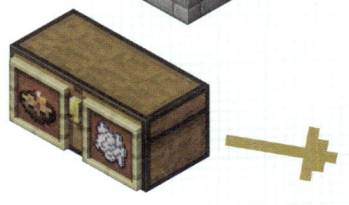

最后,用备用方块和物品把你的箱子装满。在每个箱子上放1个物品展示框,并把它们装满物品,这样就可以标示箱子里是什么东西了。你再也不用苦恼找不到想要的物品了。

密码锁

想让值钱的物品保持整齐有序,建个保险库是极好的方式。但是,对于不速之客来说,它是一个很有吸引力的攻击目标。这个教程会教你建造一个特别的红石密码锁,为你的保险库增加一层安全措施。

难度:
★★☆☆☆
🕒 20 分钟

建造技巧

你可以添加更多的拉杆，这样就可以增强密码锁的保护效果。5个拉杆的密码锁有32种组合方式，而6个拉杆的密码锁有64种组合方式。

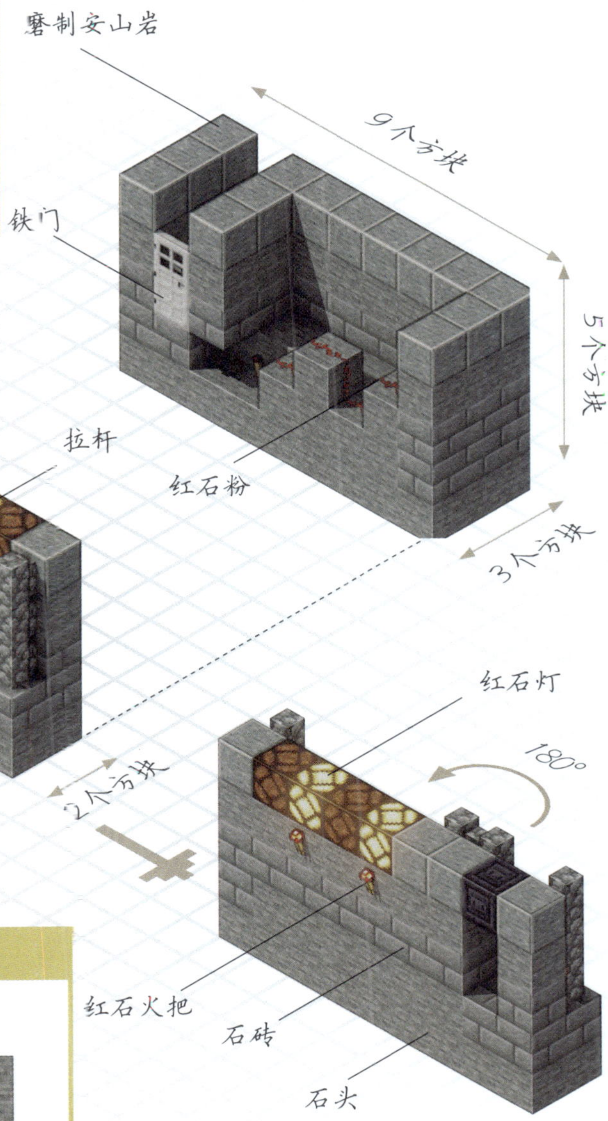

磨制安山岩

9个方块

铁门

5个方块

圆石墙

錾制磨制黑石

拉杆

红石粉

3个方块

9个方块

2个方块

红石灯

180°

红石火把

石砖

石头

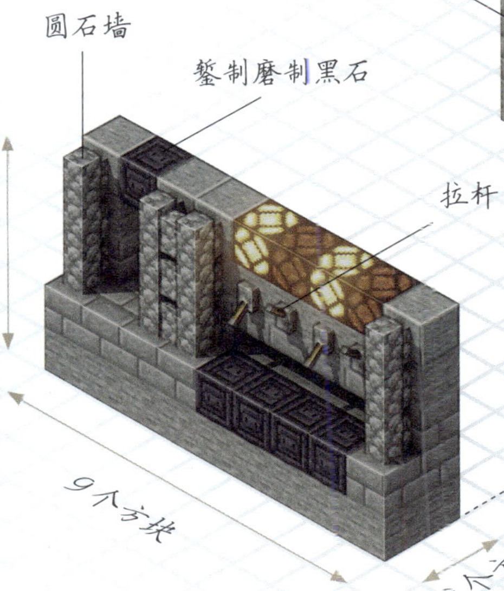

红石装置

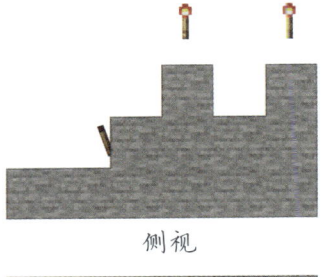

侧视

俯视

这个装置使用了红石火把、红石粉和石块来为密码锁做出"刻痕"。只需要加上或者移动1个红石火把和它下面的石块就可以设置程序指令。这种红石装置叫"与门"。

仙子树屋

在丛林生物群系区域，在地面上建造房屋的最大挑战是需要清理树木和树叶。现在，这里有创造性的解决办法！那就是在地面上方建造房屋，这可以免受僵尸的威胁。这个建筑的特点就是充分利用你身边的树木。

难度：
★★★★☆
🕒 40 分钟

1

在草方块上把丛林树苗排成2×2的正方形,用骨粉把它们养大,这样就种出了一棵巨大的树。当然,你也可以种植云杉树苗等。

2

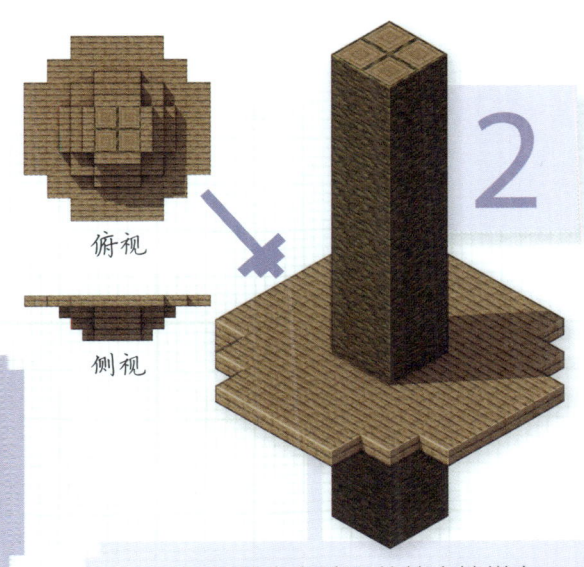

俯视

侧视

用丛林木台阶和丛林木楼梯在大树周围建造平台。这个平台的高度应该为离地面4个方块。

3

围着平台搭建一圈金合欢木活板门作为栏杆。然后,在平台上放4个丛林木块和8块砂岩墙。

4

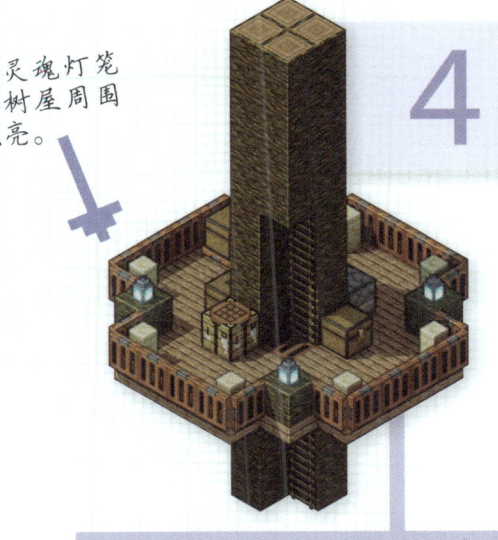

用灵魂灯笼把树屋周围照亮。

从树干处取走9个方块,做成树屋的入口。放置通往树屋的梯子,然后加上一扇金合欢木活板门,用来关闭平台。

 临时做的轮廓  楼梯方块

用白桦木楼梯在平台上方建造屋顶。如上图所示,先用临时方块做出屋顶的轮廓,然后再放置白桦木楼梯方块。

在树干的四面重复以上操作,直到把平台完全覆盖。

用锁链把屋顶连接到砂岩上,并用金合欢木按钮装饰屋顶。最后,紧靠着树干添加一些藤蔓,树屋就完成了。

树屋的延伸建筑

如果你需要更多的空间，那就可以再搭建一棵大树，并在两个树屋之间建一座桥。你甚至可以在这棵树上多建个平台！

再建个树屋，然后用一扇金合欢门和一座营火桥把它们连在一起。只需要用营火就可以把两棵树连在一起，可以用锹将火灭掉。

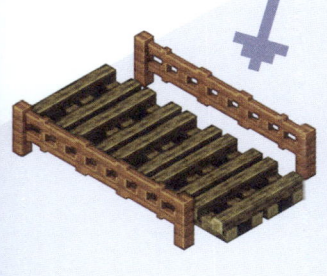

参考第2步和第3步的说明搭建好平台。为什么不在你的平台里放些有用的工具呢？比如附魔台、铁砧和砂轮等。

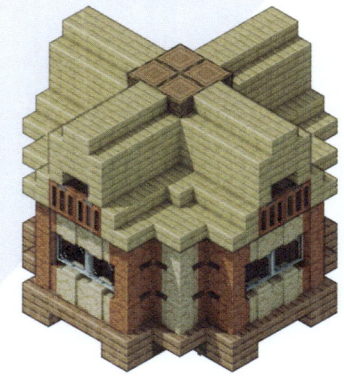

把新的树屋做成两层，尝试不同的外观设计。用玻璃、砂岩和红砂岩在树顶建个遮风挡雨的房间。

超级英雄飞行学校

所有的超级英雄都知道,抓捕反派最快的方法就是飞行。这个漂浮的岛屿建筑将教会你飞翔时需要知道的所有事情。新手可以跳下发射台直接开始飞行,老手可以排队在鞘翅发射台上试试。

难度:
★★★☆☆
⏱ 30 分钟

把这个岛屿建在高空中,确保它至少有5个方块的高度。

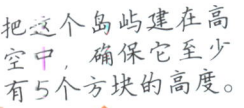

1

用末地石砖、白桦木板、圆石和草方块搭建漂浮的岛屿。如图所示,在岛屿的中间留出4个方块深,面积为5×5的洞用来放鞘翅发射台。

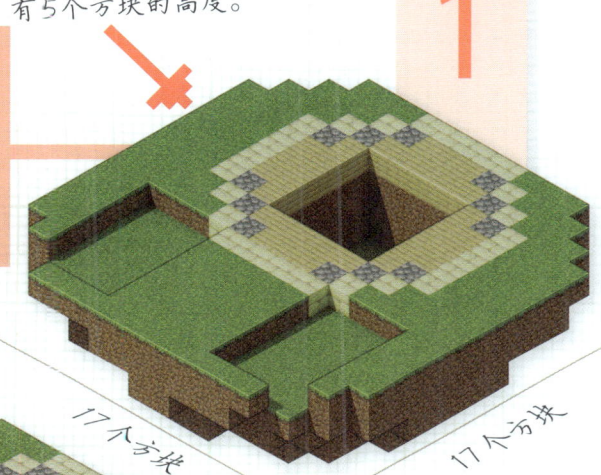

17个方块 17个方块

2

贴着洞的底部和四周放置一圈黑曜石方块。然后在洞的中间放1块黑曜石方块和1个压力板。

要想安装鞘翅发射台,需要在压力板每边放2个TNT方块。保证站到压力板上可以触发启动器。

3

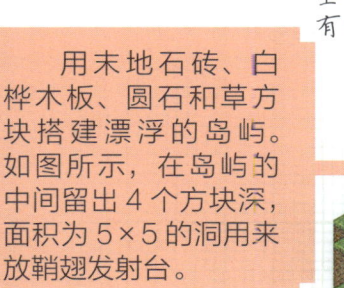

在洞的每个角加上黑曜石方块,然后直接在压力板的上面用水桶放置6个水源方块。

4

用末地石砖和末地石砖楼梯建造 2 个着陆池，并将它们装满水。这些水池可以确保每次飞行都可以安全着陆。

5

下一步，开始建造可以遮盖鞘翅发射台的遮檐。用末地石砖墙和白桦木栅栏建造支撑柱。

6

用红色羊毛和白色羊毛围成一圈，搭建遮檐的屋顶。然后，在每个角上放 1 个白桦木栅栏。

俯视 侧视

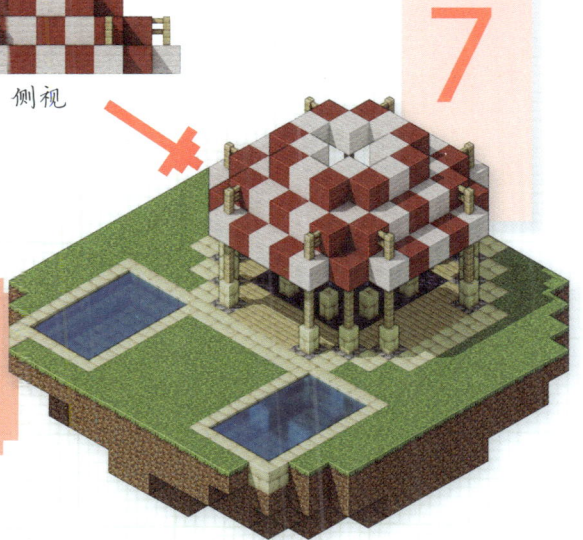

7

用红色羊毛和白色羊毛再往上搭建2层，作为遮檐的屋顶。在鞘翅发射台的上方留出1个缺口。

8

用末地石砖、末地石砖墙和白桦木板搭建通往遮檐的人行通道。然后，用白桦木台阶做成跳板。沿着这个漂浮的岛屿放置一圈大型蕨。

在遮檐里放一个装有鞘翅和TNT的箱子！

9

最后，用灯笼把通道照亮，这个飞行学校就建造完成了。你可以拿几支烟花，装备一副鞘翅，就可以开始飞行了！

像超级英雄一样飞行

当超级英雄飞行学校一切就绪,那你就该学习飞行了!按照这些简单的步骤就可以开始了。记住,熟能生巧,所以一直练习吧,直到你学会像超级英雄一样飞行。

1 首先,戴上翅膀——在你胸甲的位置装上鞘翅!鞘翅是很罕见的翅膀,只有在末地船上才能找到。在《我的世界》里,它们是飞行的必需品。

2 是时候飞行了。走上发射台,准备好以后你就可以俯冲下去了!当你身在空中,按下跳跃键时,就可以依靠鞘翅滑翔了。

3 最后,在手里拿上几支烟花。这样,当你在空中滑翔的时候,发射烟花可以获得推进力。当你精通飞行技术以后,就在鞘翅发射台上试试吧!

加载你的发射台

抓捕反派的时候,速度非常重要!从鞘翅发射台出发是开始飞行的最快方式。只需要装上发射台,踩到压力板上就可以准备起飞了!

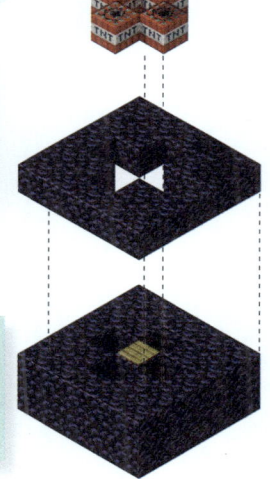

1 给发射台装上 8 个 TNT。首先,在发射台的底部放 4 个 TNT,然后,在它们的顶部放 4 个 TNT。

2 走进发射台,直接站在压力板上。

TNT 会在 4 秒后爆炸!

3 等待 TNT 爆炸,把你发射到空中。当你处于空中,轻按跳跃键,你就飞起来了。如果你在玩生存模式,这时要注意你的生命条。

物品销毁器

你可能有一个巨大的保险库来储存所有值钱的物品，但是保险库里的垃圾怎么办呢？这个红石装置可以毁掉你不想要的任何物品。只需要把垃圾丢进箱子里，看着它们消失即可。

难度：★☆☆☆☆
🕒 10 分钟

建造技巧

担心毁掉重要物品？你可以在漏斗前面放一个拉杆，用来开启和关闭这个装置。

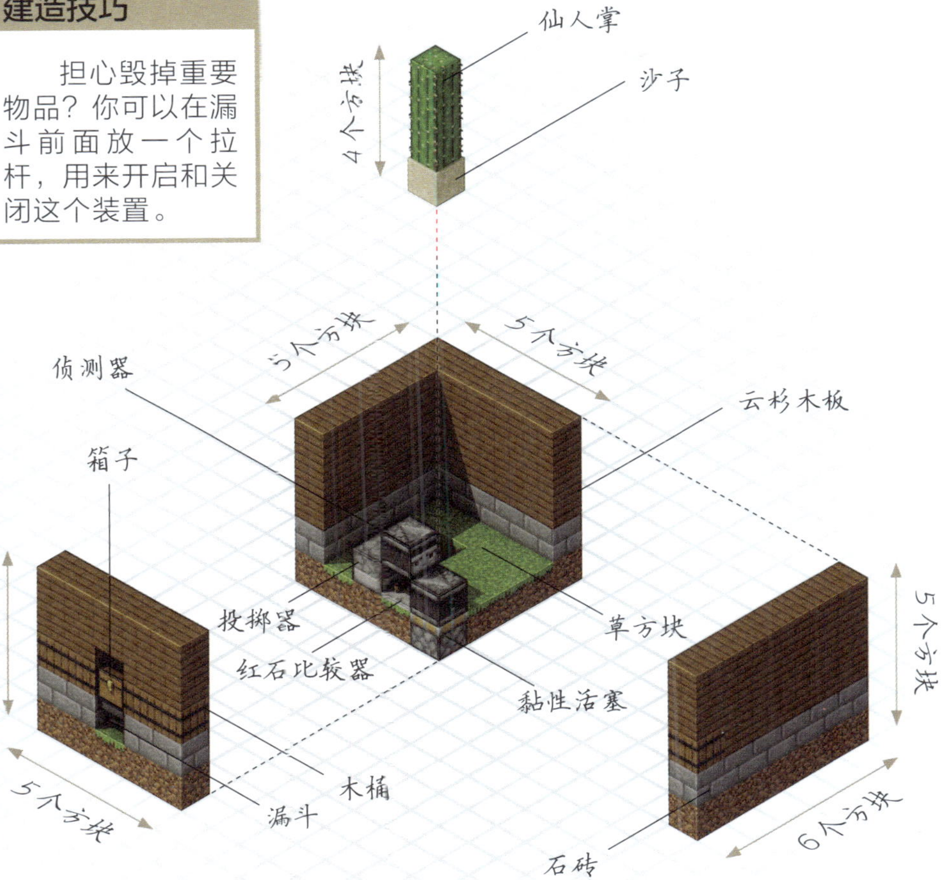

标注：仙人掌、沙子、4个方块、5个方块、5个方块、云杉木板、侦测器、箱子、投掷器、红石比较器、草方块、黏性活塞、木桶、漏斗、石砖、5个方块、6个方块、5个方块

红石装置

物品销毁器会把箱子里的垃圾利用发射器发射到仙人掌里。每个被毁掉的物品都会触发红石比较器，以确保箱子里所有的物品消失。

前视

后视

消防飞机

把黏液块、活塞和多种红石组件组合起来，你就可以制造出独特的交通工具——消防飞机，它会让你直线加速飞往目的地。一定要打包一整组的红石火把——你会需要它们的！

难度：
★★☆☆☆
⏱ 20 分钟

1

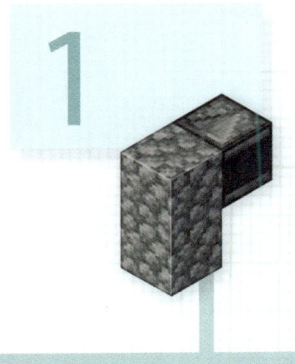

建造一个临时的圆石柱，让飞机远离地面，直入高空。然后在圆石对面放1个侦测器。

2

在侦测器背面放1个黏性活塞，其朝向远离侦测器。然后添加1个黏液块。

3

在侦测器和黏性活塞的两边再加4个黏液块。当你再添加其他的方块时，这些黏液块会把你的飞机粘在一起。

4

把临时的圆石柱去掉，并在黏性活塞的后面再加3个黏液块。

5

这3个黏性活塞提供了运送飞机的推力和拉力。

如图所示，在黏液块两边各添加1个黏性活塞。

6

然后，在黏性活塞旁边各加1个侦测器，其朝向远离黏性活塞。

7

黏性活塞最多可以推动12个方块。不要再加任何多余的方块，否则可能就不起作用了。

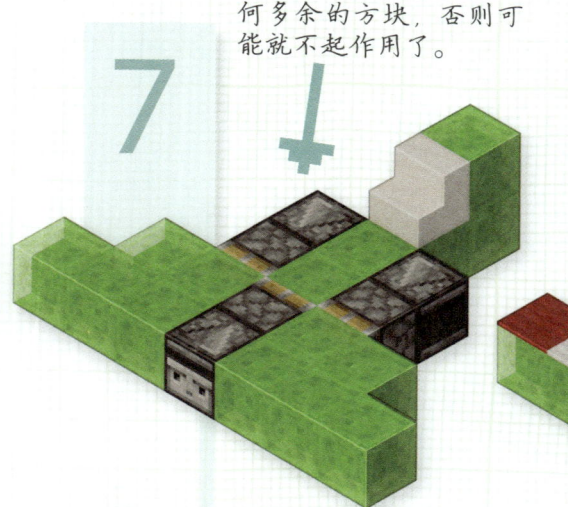

在前面的侦测器两侧分别再放3个黏液块。然后在飞机的尾部放1块石英楼梯和1个黏液块，飞机的结构就建造完成了。

8

你也可以用黄绿色地毯和绿色地毯给你的飞机做伪装。

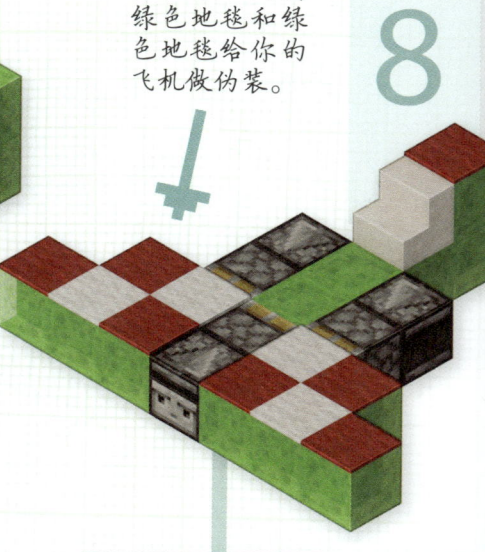

在黏液块的顶部放一些红色地毯和白色地毯，这样建筑就符合消防的主题了。

9

最后,用铁轨和矿车搭建旅客座位。旅行的时候坐在矿车里就不会掉出去了。

它是如何工作的?

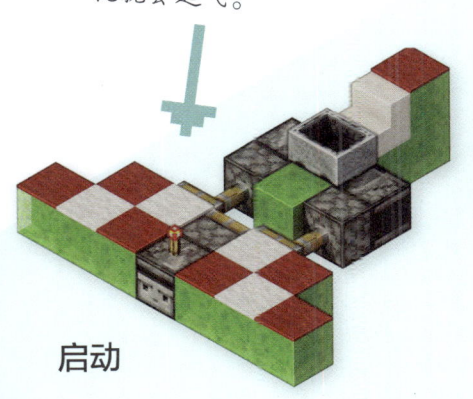

在前面的侦测器上面放1支红石火把,飞机就会起飞。

启动

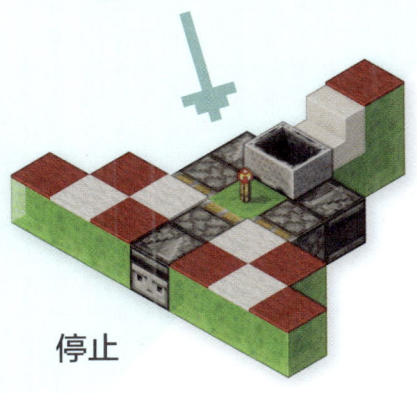

把红石火把移动到黏液块上面,飞机就会停止飞行。

停止

射击长廊

这个迷你游戏很刺激。它可以用射箭、扔鸡蛋,甚至是喷溅药水的方式来测试你射击的精准度!它用了一个精巧的红石传输系统。在你创建其他红石装置的时候,可能会觉得它很有用。邀请你的朋友过来一起玩,看看谁是最优秀的射手!

难度:
★★☆☆☆
⏱ 20 分钟

1

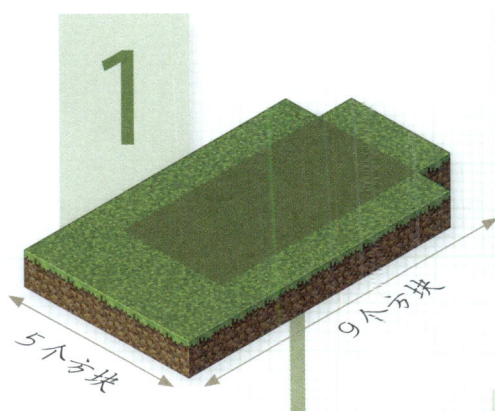

5个方块 9个方块

首先，为这个迷你游戏找一个平整、开阔的区域，选合适的地方建造你的第一个标靶。然后，用草方块和黄绿色陶瓦方块为这个标靶的红石装置做地基。

2

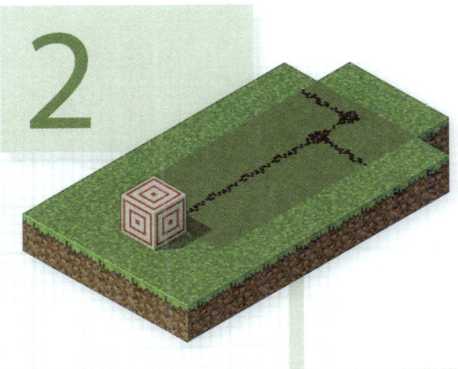

在黄绿色陶瓦前面放1个标靶方块，并用红石粉在标靶方块后面画上红石信号。

标靶方块在被弹射物击中以后会发射信号。信号会穿过红石粉，点燃红石灯。

3

把3个黄绿色陶瓦方块排成一列，并在中间的方块上放1个红石中继器。然后用另外的红石粉把红石中继器连接到标靶方块上。

4

接着，用另外1个黄绿色陶瓦方块将标靶方块与它上面的红石灯相连，构成一套抬高的指示灯。

5

再放置 3 个黄绿色陶瓦方块，并用红石粉把红石信号延长。

6

继续添加 1 个黄绿色陶瓦方块和 1 个红石灯。

点亮的红石灯的数量取决于你射击的精准度。邀请一个好朋友，和他轮流射击，看看谁射得更准！

7

用 1 个红石灯和更多的黄绿色陶瓦方块为标靶建造指示灯。再用红石粉把红石信号连到红石灯上。

这个迷你游戏想要多少个标靶都可以！只需要重复第 1 步至第 8 步，就可以做出多个标靶。

8

最后，用草方块将标靶的红石装置伪装起来，这样来访者就猜不到你是怎样建造出这个有趣的游戏的。你可以多建几个标靶来增加游戏难度。

迷你游戏的布局

是时候布局自己的迷你游戏了！根据自己的喜好，做出相应数量的标靶，把它们等距排开，并建造平台作为射击点。这个射击长廊有 3 个标靶可以瞄准。

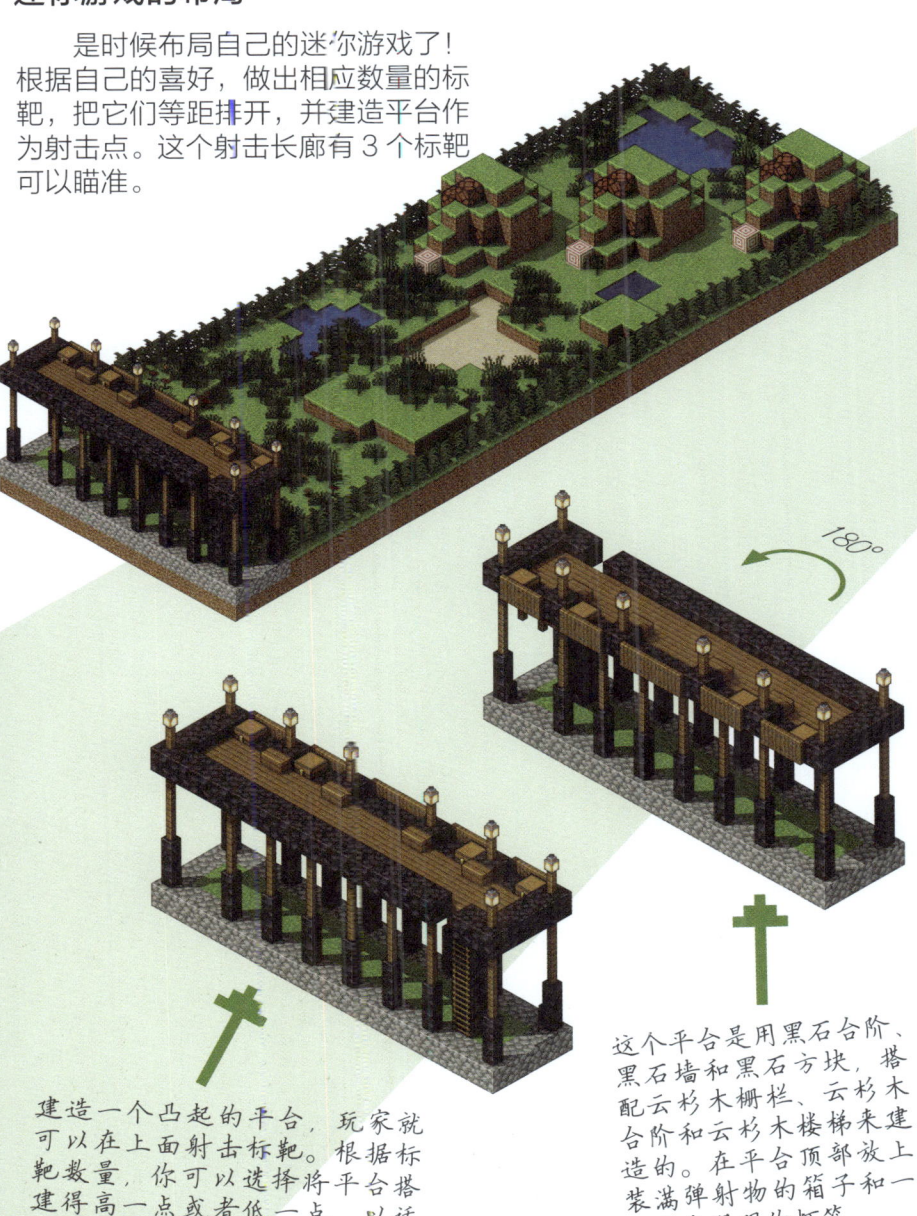

建造一个凸起的平台，玩家就可以在上面射击标靶。根据标靶数量，你可以选择将平台搭建得高一点或者低一点，以适应游戏的需要。

这个平台是用黑石台阶、黑石墙和黑石方块，搭配云杉木栅栏、云杉木台阶和云杉木楼梯来建造的。在平台顶部放上装满弹射物的箱子和一些用来照明的灯笼。

节日迷宫

迷宫是既有趣又简单的搭建项目。不论你有多少创意，它们都很适用。你可以在地上设计蜿蜒曲折的图案，然后添加一些死胡同和小陷阱以攻玩家不备。注意，一定要确保只有一条路可以进出！

难度：
★★★☆☆
30 分钟

建造技巧

首先建造1个方块高的迷宫。当你对布局满意的时候,再往上加1层方块,用来防止玩家从墙壁窥探道路。

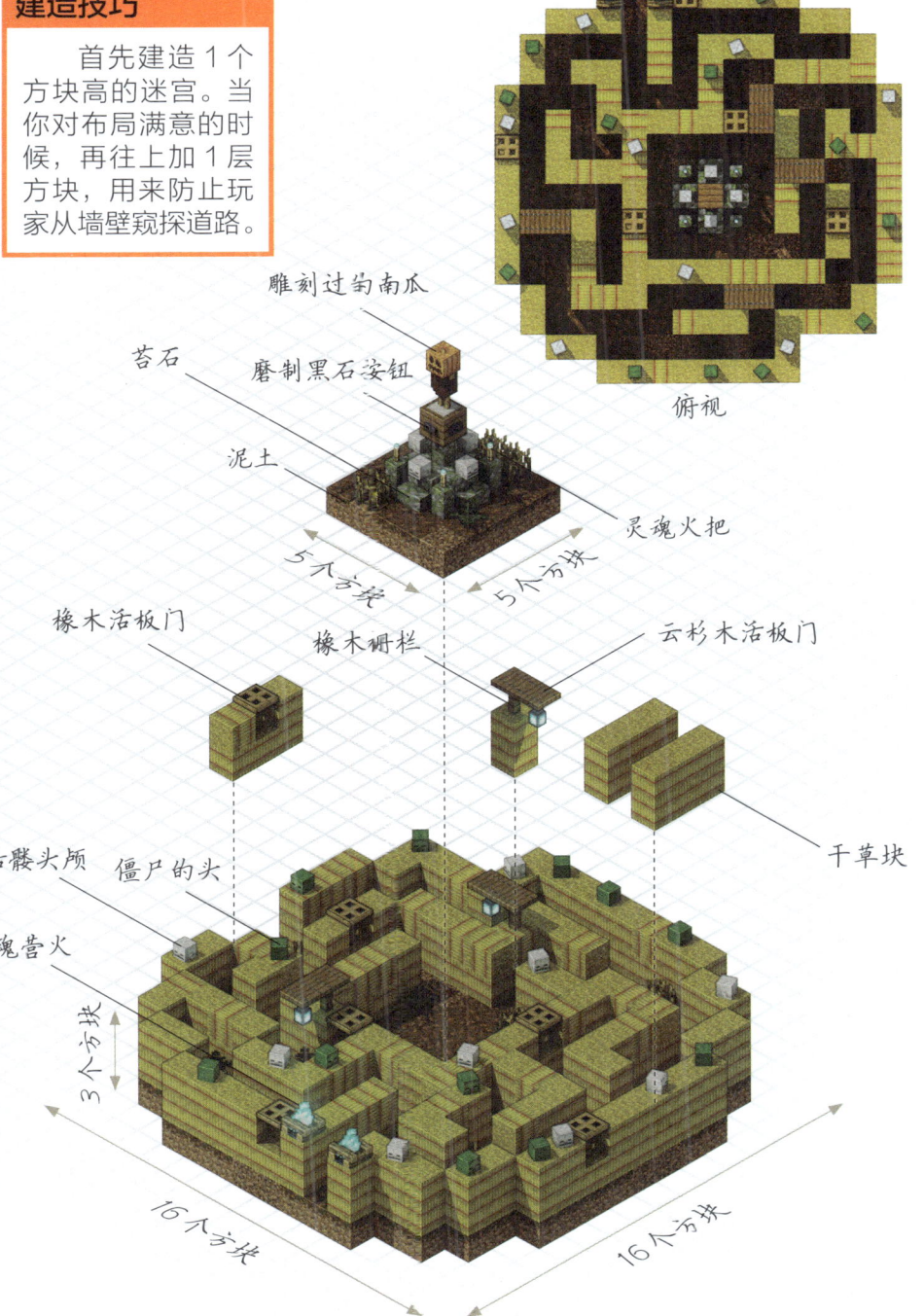

火车站

运输是《我的世界》中的重要部分。无论是建造一个现代化的大城市,还是建造一个小型农业城镇,你可能都想创造可以让自己来去自如的铁路系统。只要有这个简单的双轨车站,建造铁路系统就很容易了。

难度:
★★★★☆
🕒 40 分钟

首先用石砖、石砖台阶、安山岩、磨制安山岩、平滑石英块和丛林木板建造出火车站的地基和站台。

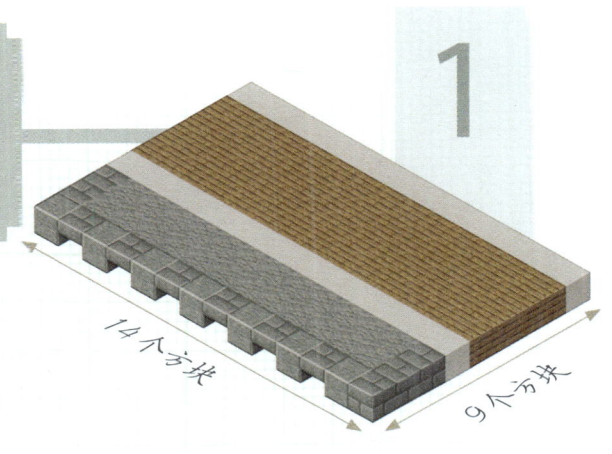

用云杉木、闪长岩、平滑石英块和倒放的平滑石英楼梯开始建造火车站的墙壁。

这个检票口是用铁活板门、石英块和石质按钮做的。这个闪长岩是用来阻止旅客偷偷溜进去的。

在车站入口添加检票口。然后，在车站里面为旅客准备云杉木楼梯长椅。把2块云杉木楼梯挨着放就可以做出更长的长椅。

45

在入口上方搭建门拱，然后，继续用闪长岩、磨制安山岩、云杉木方块和黄色染色玻璃板建造火车站的墙壁。

用同样的方块把火车站的墙壁建造完成。然后，在检票口上面放置铁栏杆，并挂上灯笼，把火车站照亮。

为火车站搭建屋顶。先在墙壁上方放置一排丛林木板，然后用丛林木台阶把屋顶建好。

7

在每个云杉柱上面放置石砖楼梯和铁栏杆，然后挂上灯笼，这样就可以给户外照明了。在两边的入口通道分别放置两扇深色橡木门和深色橡木活板门。

8

接着，给火车站建造火车轨道。先放置2个方块宽的平滑石台阶当作道床，然后在台阶两边放上铁轨。在轨道的两头分别加上红石火把、钟和激活铁轨。

当你到达车站的时候，这个钟会响。你离开的时候，铁轨会把你快速送到下一个目的地。

9 用石砖、石砖台阶、安山岩和磨制安山岩建造另外一侧的站台。

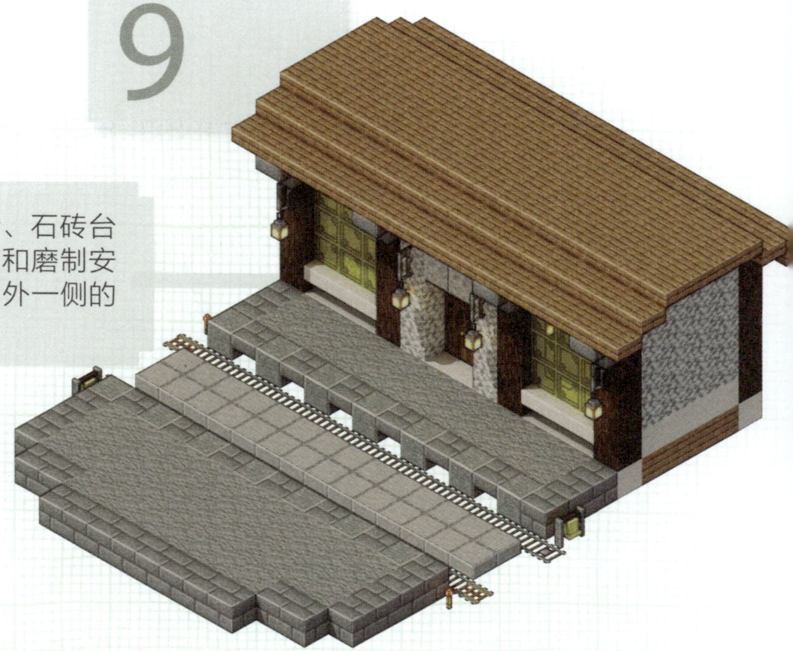

10 用铁砧围着站台建造防护区，并悬挂一些旗帜装饰火车站。

站台的扩展部分

你的火车站还没有建造完成！不要着急，给站台加一些装饰就可以结束了。照明对于旅客的安全十分必要，而这座很酷的桥则会帮助他们安全横越轨道。

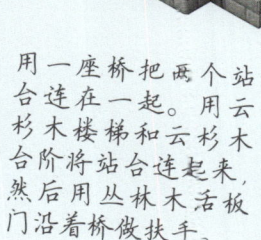

用一座桥把两个站合连在一起。用云杉木楼梯和云杉木台阶将站合连起来，然后用丛林木舌板门沿着桥做扶手。

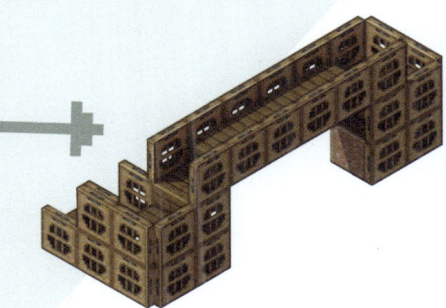

用1个錾制石质基座、1个石砖墙、3个圆石墙和1个灯笼建造照明用的吊灯。

用云杉木活板门、泥土和玫瑰丛特制一个花盆，用来装饰站合。你还可以为旅客多加一些座位。

矿车收集器

随着去新区域冒险,你的铁路线路会变得越来越复杂。使用矿车收集器是管理矿车极好的方式。只需要打开箱子,选取一辆矿车放到铁轨上,你的旅行就可以开始了。到达目的地时,矿车会被自动收集,并放回箱子里。

难度:
★★☆☆☆
🕒 20 分钟

建造技巧

让漏斗嘴指向箱子，以确保未来使用的时候，矿车会回到箱子里。先放箱子，然后再放漏斗。

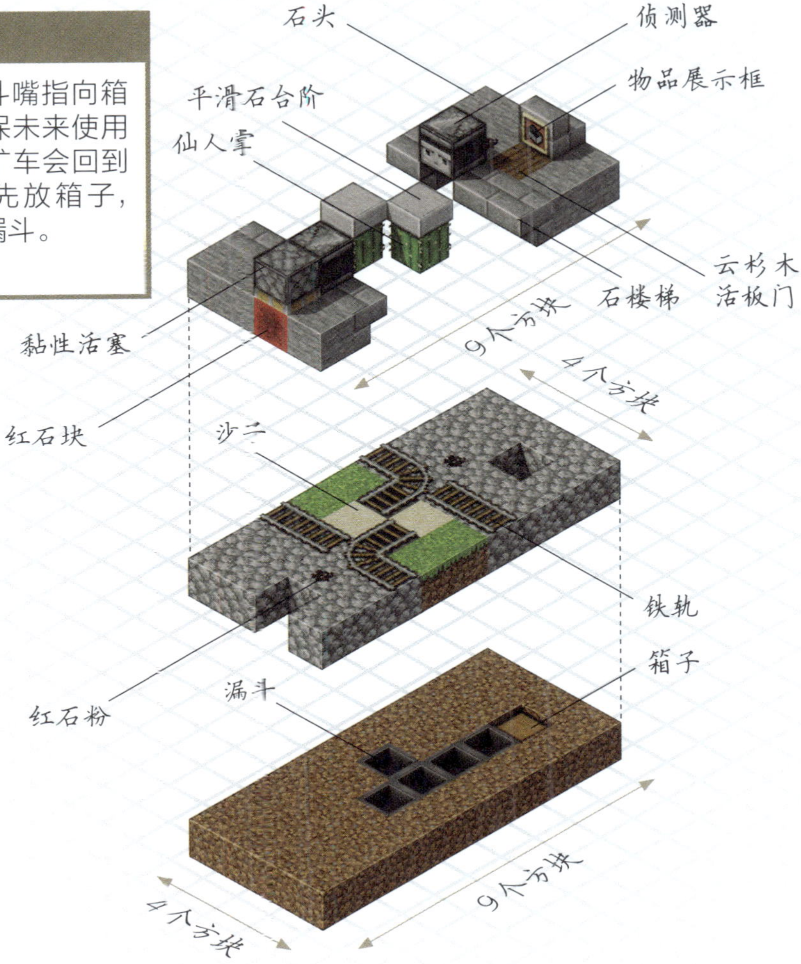

石头
侦测器
平滑石台阶
物品展示框
仙人掌
云杉木活板门
石楼梯
9个方块
4个方块
黏性活塞
红石块
沙子
铁轨
箱子
红石粉
漏斗
4个方块
9个方块

红石装置

这个矿车收集器会迅速把矿车运到仙人掌里去销毁，然后这些矿车会被漏斗收集起来，转移到箱子里。注意，你需要确保这些漏斗指向正确的方向！

漏斗

侧视

侧视

俯视

充气城堡

《我的世界》中很多方块都具有独特性质,可以用来建造一些独特的建筑。比如,用黏液块、地毯和旗帜来搭建城堡,来访者会发现这个彩色的建筑并不像它看起来那样简单。这个充气城堡会让地面之旅比他们期待的更有趣!

难度:
★★★★☆
🕐 40 分钟

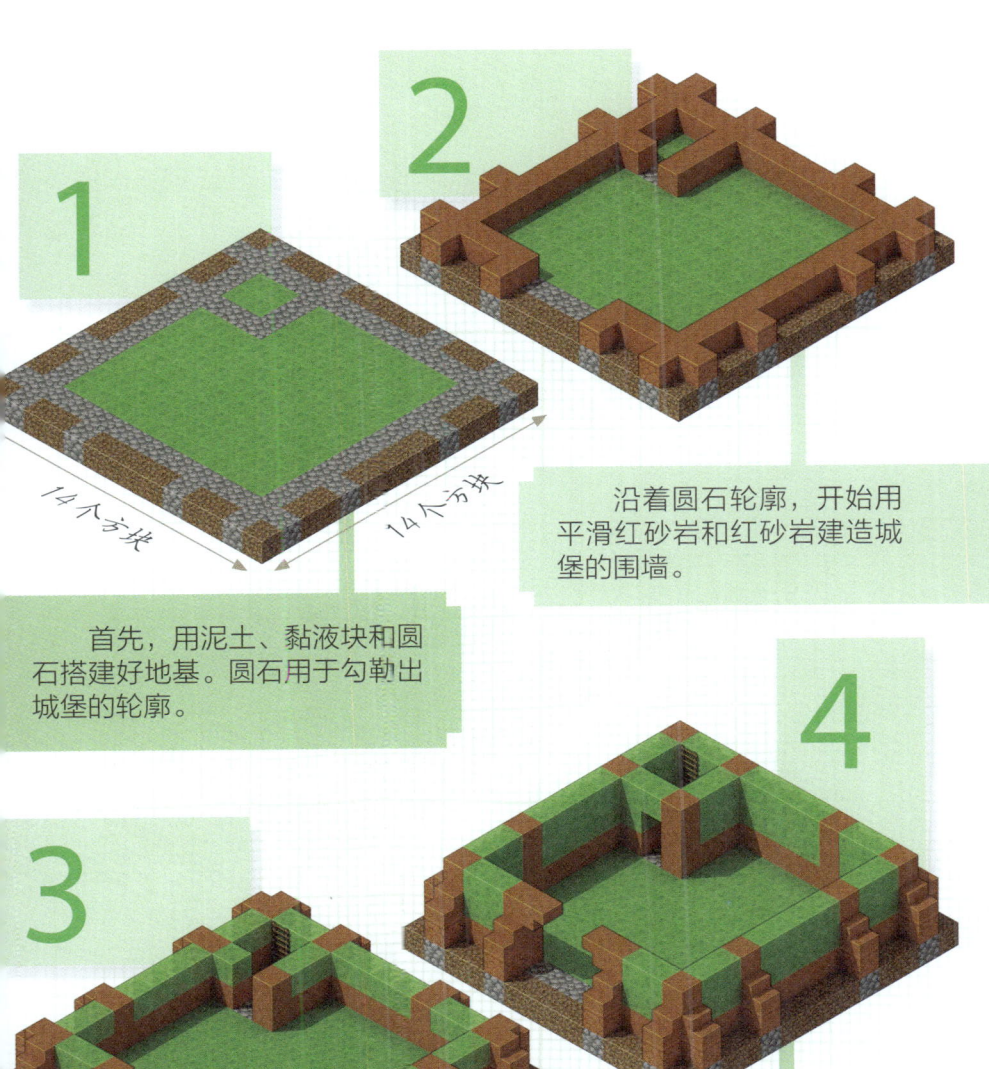

1 14个方块 / 14个方块

首先，用泥土、黏液块和圆石搭建好地基。圆石用于勾勒出城堡的轮廓。

2 沿着圆石轮廓，开始用平滑红砂岩和红砂岩建造城堡的围墙。

3 用平滑红砂岩、平滑红砂岩楼梯和黏液块继续砌墙。然后，在后面的角落里放上梯子，用来爬上城堡的塔楼。

4 在墙壁上再加1层黏液块和平滑红砂岩。然后在入口上方，倒着放置2个平滑红砂岩楼梯，用来建造门拱。

继续用黏液块和平滑红砂岩将墙壁加高1层，然后在外墙周围倒着放置平滑红砂岩楼梯。在塔楼顶部铺1层红砂岩台阶地板。

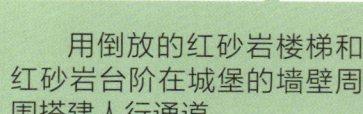

用倒放的红砂岩楼梯和红砂岩台阶在城堡的墙壁周围搭建人行通道。

接着，在城堡周围用红砂岩、红砂岩墙和红砂岩楼梯搭建人行通道的防护墙，也就是城墙。

再用4层平滑红砂岩和黏液块继续建造城堡的塔楼。然后，沿着城墙放置红砂岩墙。

把梯子延长到塔楼的顶部，并铺1层红砂岩台阶地板。在塔楼的每个角落放2个倒着的平滑红砂岩楼梯，再用平滑红砂岩台阶做个跳台。

这个充气城堡用黄色和浅蓝色做出方格图案，配有灵魂灯笼，符合玩乐的主题。

最后，在塔楼的周围用红砂岩、红砂岩墙和倒放的平滑红砂岩楼梯建造一圈围墙。然后，用地毯和旗帜装饰你的充气城堡，等待欢乐开启！

中世纪的风车磨坊

通常,优秀的工程都是从切合实际的想法开始的。没有比风车磨坊更实际的建筑了,它以前是用来将麦子磨成面粉的地方。简单的石砖和原始的木材给这个建筑工程带来了明显的中世纪气息。

难度:
★★☆☆☆
🕒 20 分钟

1

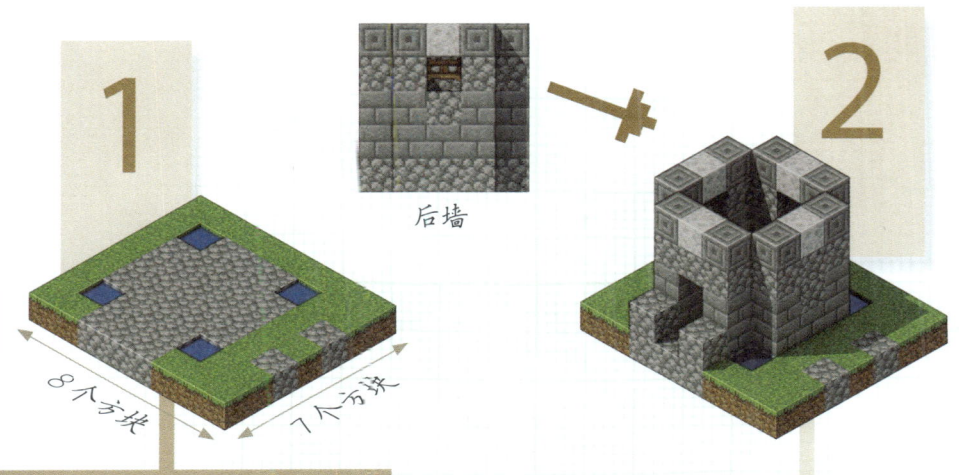

后墙

2

首先，用草方块、圆石和水布置好风车磨坊的所在区域。圆石区域就是风车磨坊的地基。

用圆石、石砖、錾制石砖和磨制闪长岩建造风车磨坊的四面墙。在后面的两面墙上各加一扇云杉木栅栏门作为窗户，增加风车磨坊的自然采光。

3

用云杉木楼梯、云杉木栅栏和云杉木台阶在入口上方搭建屋顶，并在门口放一扇云杉木门。然后，在侧墙上用云杉木台阶、云杉木栅栏和圆石墙搭一个可以遮风挡雨的棚子。

4

继续搭建墙壁。先斜着放 1 层圆石，做成菱形样式，然后在圆石的上面交错着放置云杉木和闪长岩楼梯。

57

屋顶

5

用云杉木、闪长岩和磨制闪长岩再往上搭建3层墙壁,并在最上面一层放置云杉木栅栏门。接着,加2层闪长岩和云杉木,并在顶端放置3块云杉木。

6

用圆石台阶和云杉木楼梯为风车磨坊搭建屋顶。如图所示,在风车磨坊的顶部放一排圆石台阶,然后在两边各添加2列云杉木楼梯。

7

接着,搭建云杉木梁,用来支撑风车磨坊的轮叶。木梁从屋顶下方伸出来,而云杉木方块从四个方向凸出来。

如图所示，用3个云杉木、3个云杉木栅栏和4个白色羊毛做出第一扇轮叶。

8

9

按照上一步做3扇轮叶，让每扇轮叶绕着云杉木梁旋转。

10

这个风车磨坊建在麦田里看起来会更棒！

最后添加一些装饰，风车磨坊就完成了。在轮叶上放置云杉木按钮和石质按钮，并在屋角处挂上云杉木栅栏。现在，你可以去风车磨坊周围种小麦了！

传送门切换键

下界是一个可怕的地方，那里全是危险的敌对生物。建造一个传送门，你就能去下界，但是要小心——游荡的敌对生物可以进入无人守护的传送门。给传送门装上开关切换键就可以保护自己和主世界了。

难度：
★☆☆☆☆
🕐 10 分钟

建造技巧

下界的传送门必须是长方形的，它可以用打火石来激活。

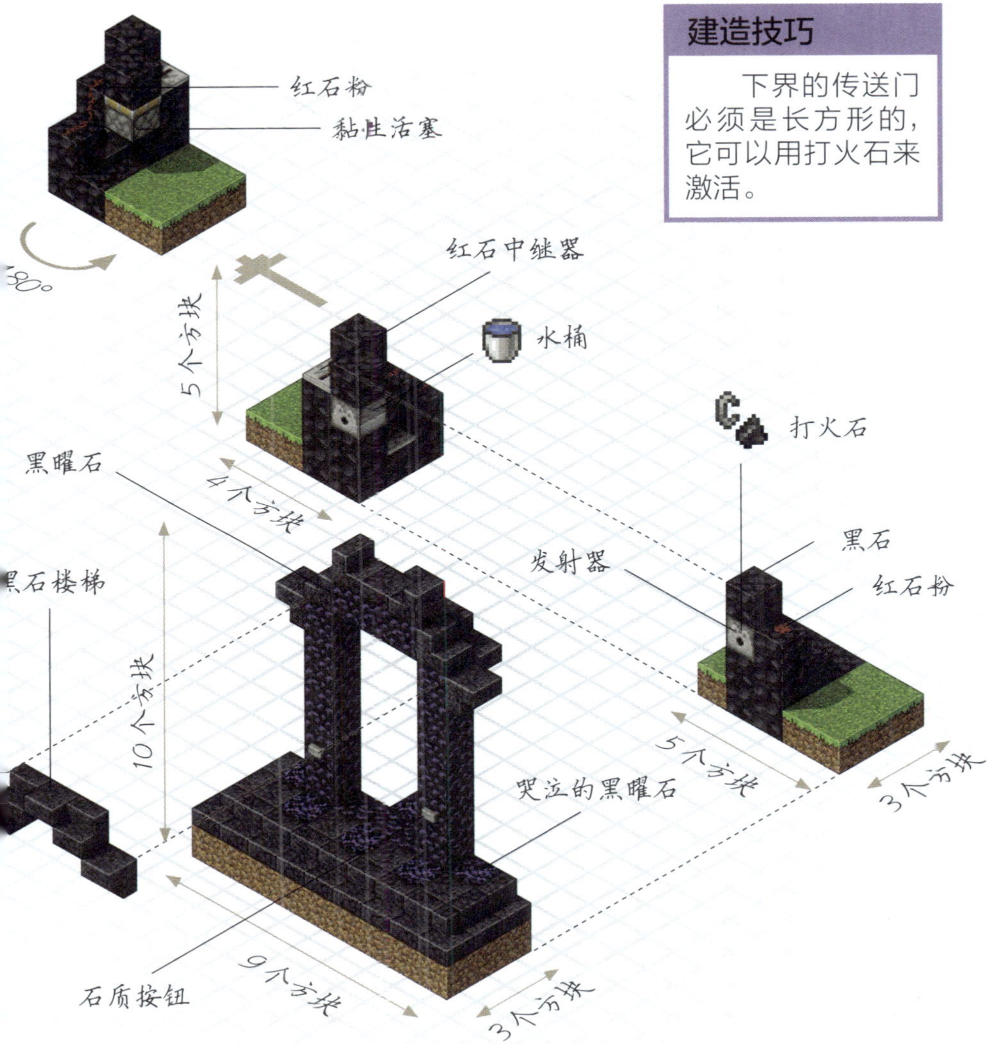

红石粉
黏性活塞
红石中继器
水桶
打火石
黑石
红石粉
黑曜石
黑石楼梯
发射器
哭泣的黑曜石
石质按钮

5个方块
4个方块
10个方块
9个方块
3个方块
5个方块
3个方块

红石装置

在两个发射器里分别装 1 个打火石和 1 个水桶，以控制两个传送门的切换键。其中右侧发射器旦面有 1 个水桶，与红石中继器相连。这个中继器可以确保传送门不工作时，不会受到威胁。

俯视

前视

露天圆形剧场

想要为你的朋友们举办一场才艺表演晚会？露天圆形剧场为他们提供了展示才艺的完美场所。这个古代风格的剧场主要由一些复杂的圆形建筑组成，对你来说可能真的是个挑战。

难度：
★★★☆☆
30 分钟

1

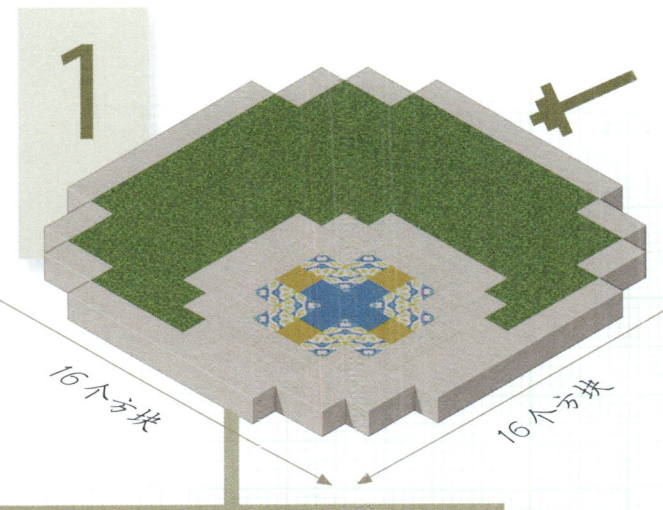

用黄色混凝土、淡蓝色混凝土、白色带釉陶瓦、石英块和錾制石英块做出这个有图案的舞台。

16个方块

16个方块

首先，用平滑石英块和草方块铺设好剧场的地基。参考图示，把四个角修饰一下，然后选取其中一个角，加上带图案的舞台区域。

2

用切制砂岩台阶在舞台区域的周围搭建第一层座位，然后用石英砖和石英柱把地板区域填满。

3

用切制砂岩台阶和平滑砂岩楼梯搭建第二层座位。用砂岩楼梯为观众做好长椅。

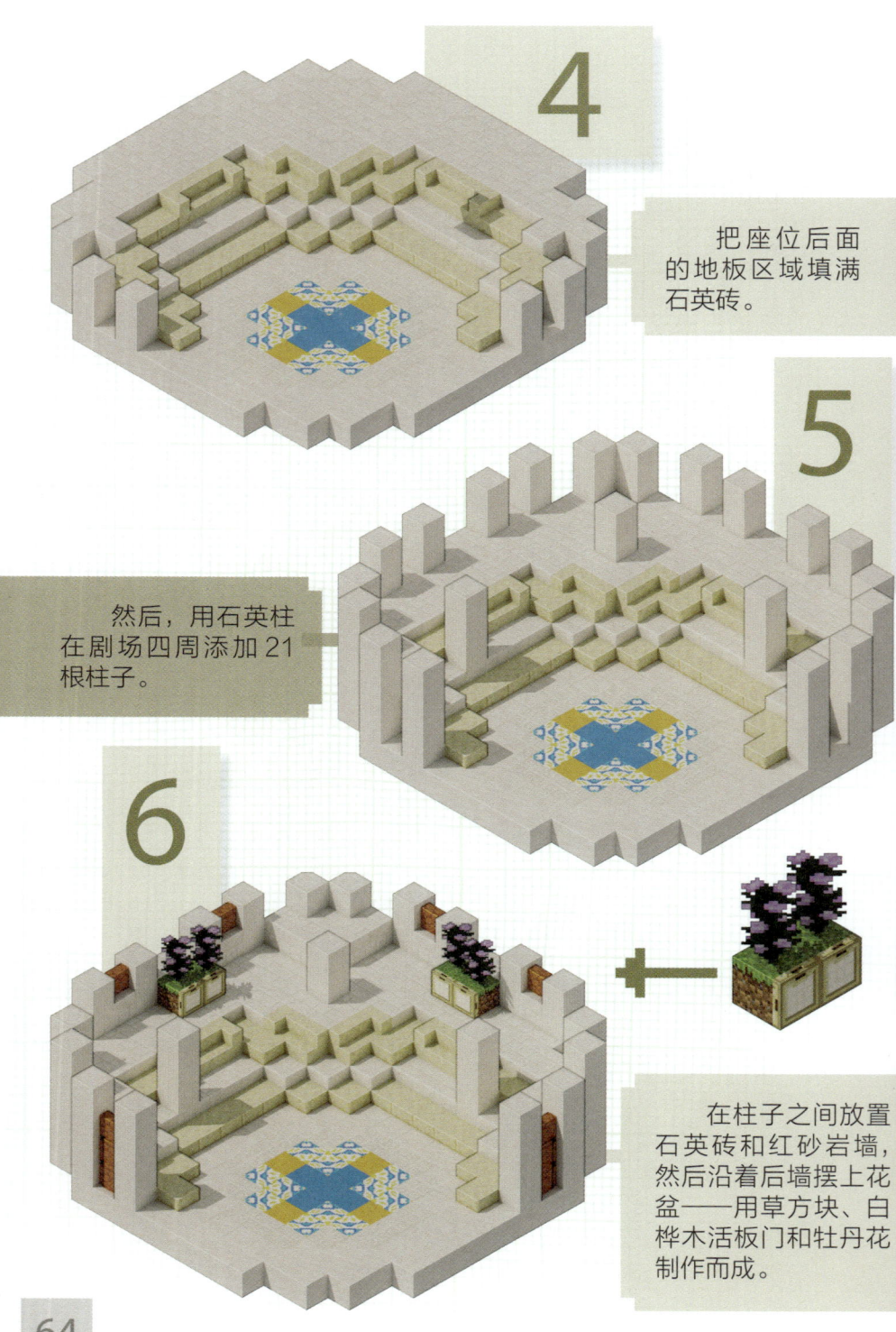

把座位后面的地板区域填满石英砖。

然后,用石英柱在剧场四周添加21根柱子。

在柱子之间放置石英砖和红砂岩墙,然后沿着后墙摆上花盆——用草方块、白桦木活板门和牡丹花制作而成。

7

接着，用金合欢木楼梯和金合欢木活板门为观众打造 4 把巨大的椅子。

8

将石英柱搭建到相同高度，并在每根柱子最上方放置 1 个錾制石英块。然后，在后面的柱子中间放置更多的红砂岩墙。

9

用平滑石英台阶和石英楼梯把后面的柱子连起来。

后墙

10

你可以用棚架来挂灯笼等各种装饰！

在座位上方用云杉木栅栏搭设棚架，把中间和后面的柱子连起来，可以保护观众不被太阳晒到。

你还可以在柱子的侧面加上一些藤蔓!

11

最后进行整体修饰,让你的露天圆形剧场更显眼。在舞台区周围放一些营火,用丛林树叶遮盖部分棚架,还可以在柱子上面放置金合欢木按钮。是时候开始演出了!

舞台区域

你可以随心装饰舞台!这个带图案的舞台用了粉色混凝土和粉色带釉陶瓦,这样色彩会比较鲜艳。

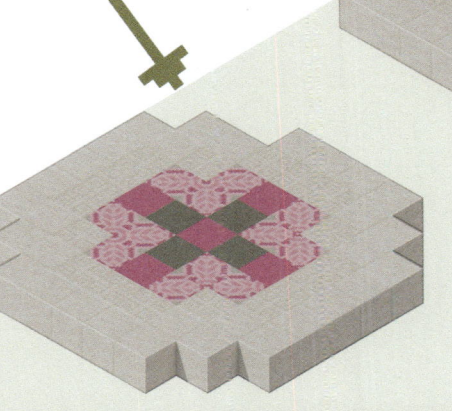

用荧石和橙色混凝土做出像迪斯科舞池一样酷的舞台区域,开派对很完美!

隐藏地堡

把基地隐藏起来是保持基地安全的好手段。在显眼的地方将它隐藏起来可以远离敌人的窥探。这样,基地在外界是完全看不见的——除非你轻拍隐藏的拉杆,将出入口露出来。

难度:
★★★★☆
🕐 40 分钟

地堡的基坑深度要大于其高度。地堡和地面之间的区域是用来搭建秘密出入口的。

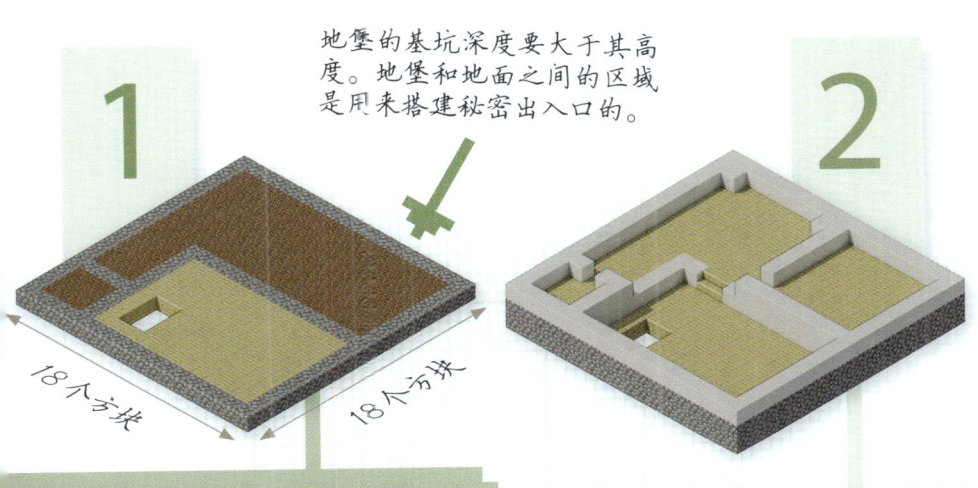

直接挖出 12 个方块深的基坑，并将 7 个方块高、面积为 18×18 的正方形洞穴作为地堡。然后，在洞穴里面用圆石、石头和白桦木板搭建好地堡的地基。

开始用圆石建 1 层围墙，再加 1 层白色混凝土。接着，用白桦木板和白桦木楼梯搭建二楼。

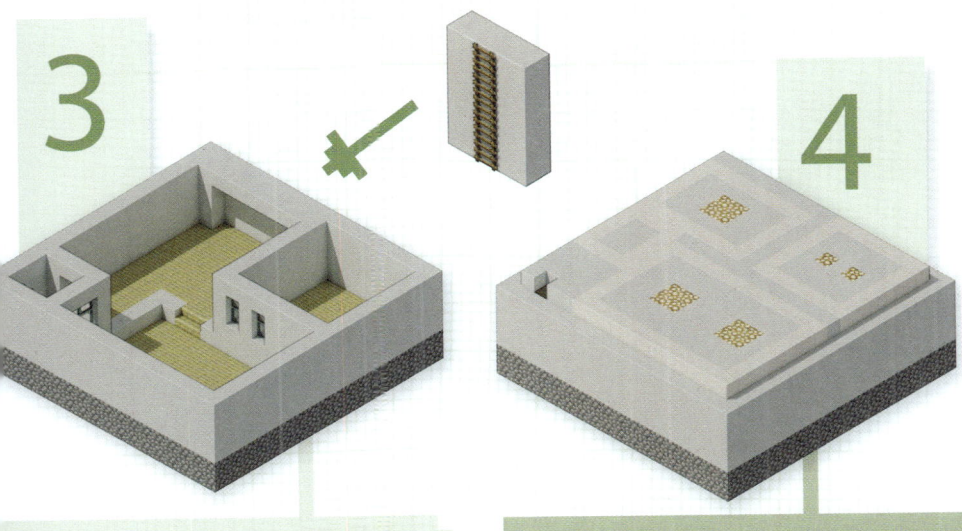

继续向上搭建 3 层墙壁的高度，在后方的角落留出门、窗户和凹室的位置。在窗户的位置安装上玻璃板。在小房间里，搭建通往天花板的梯子。这就是地堡的出入口。

用白色混凝土、荧石和倒放的平滑石英楼梯为地堡设计时髦的天花板。在梯子上方留一个缺口用来进出。

秘密出入口

完成地堡的搭建之后，就该设计秘密出入口了。如图所示，从你的地堡里出来，在出入口上方挖出5个方块深的沟。

外面的俯视图

如图所示，在沟的底部做个石头平台，并铺上红石粉。

在石头平台的顶部添加8个草方块、1个拉杆，并用红石粉连接上下层。

添加7个黄绿色陶瓦、1个红石中继器，并铺上红石粉。

在红石中继器前面放置1个黏性活塞。然后加3个草方块和1个拉杆。

6

下一步,进入地堡,把梯子延长到草地表面。

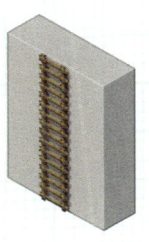

7

最后,用草把拉杆藏起来,秘密出入口就伪装好了。拉杆会激活黏性活塞,黏性活塞会控制地堡秘密出入口的隐藏和显现。确保你可以操控拉杆,并且它在视线里不可见。

隐藏的出入口

当黏性活塞伸出的时候,秘密出入口就看不到了。

当黏性活塞收缩的时候,秘密出入口就变成可见的了。

打开

关闭

家庭必需品

接下来，给你的隐藏地堡配置家庭必需品。这个地堡有三个主要的房间：厨房、卧室和客厅。

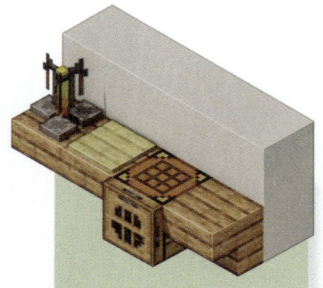

俯视图

给厨房配置一些必需品，比如工作台和酿造台。

用丛林木楼梯、丛林木台阶和丛林木活板门搭个架子。你还可以在花盆里放朵花。

用白桦木门、白桦木活板门和白桦木台阶做个大衣柜。

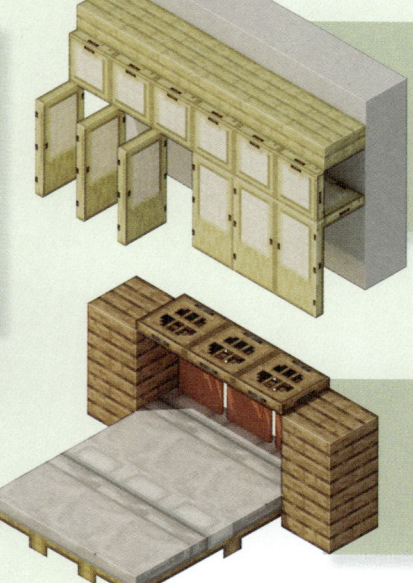

用丛林木板、丛林木活板门、旗帜和床做张大号的床。

用铁块、铁门、铁活板门和石质按钮为你的地堡做一个现代化的冰箱。在冰箱里放一个装满食物的箱子，并在冰箱旁边放几个烟熏炉，用来烹饪食物。

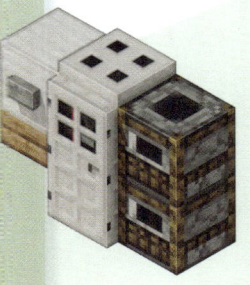

用平滑石英楼梯、装有水的炼药锅、拉杆和白桦木压力板搭建厨房操作台。

用丛林木楼梯、丛林木活板门、箱子、荧石以及用熔炉、铁轨做的火炉搭建装饰性的储藏区域。

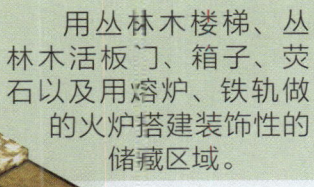

用红石火把和黏性活塞搭建餐桌。在黏性活塞下面挖出一块空间放置红石火把，然后用地毯搭建桌布，用丛林木楼梯搭建座位。

用丛林木楼梯、丛林木台阶、白桦木活板门、黑色混凝土和一幅画搭建电视机。还可以加一些细节：放置红石灯和拉杆灯进行装饰，在定制的花盆里放棵大型蕨等。

海豚喷泉

海豚是喜欢和玩家互动的群居动物。你可以用这座特别的喷泉给城镇里每个人的日子增添乐趣。这个建筑用了多种海晶石来做栩栩如生的海豚雕像。

难度：
★★☆☆☆
⏱ 20 分钟

建造技巧

把石英块和海晶石基座放置在1个方块深的基坑里,这样海晶石基座就在地平面之上了。

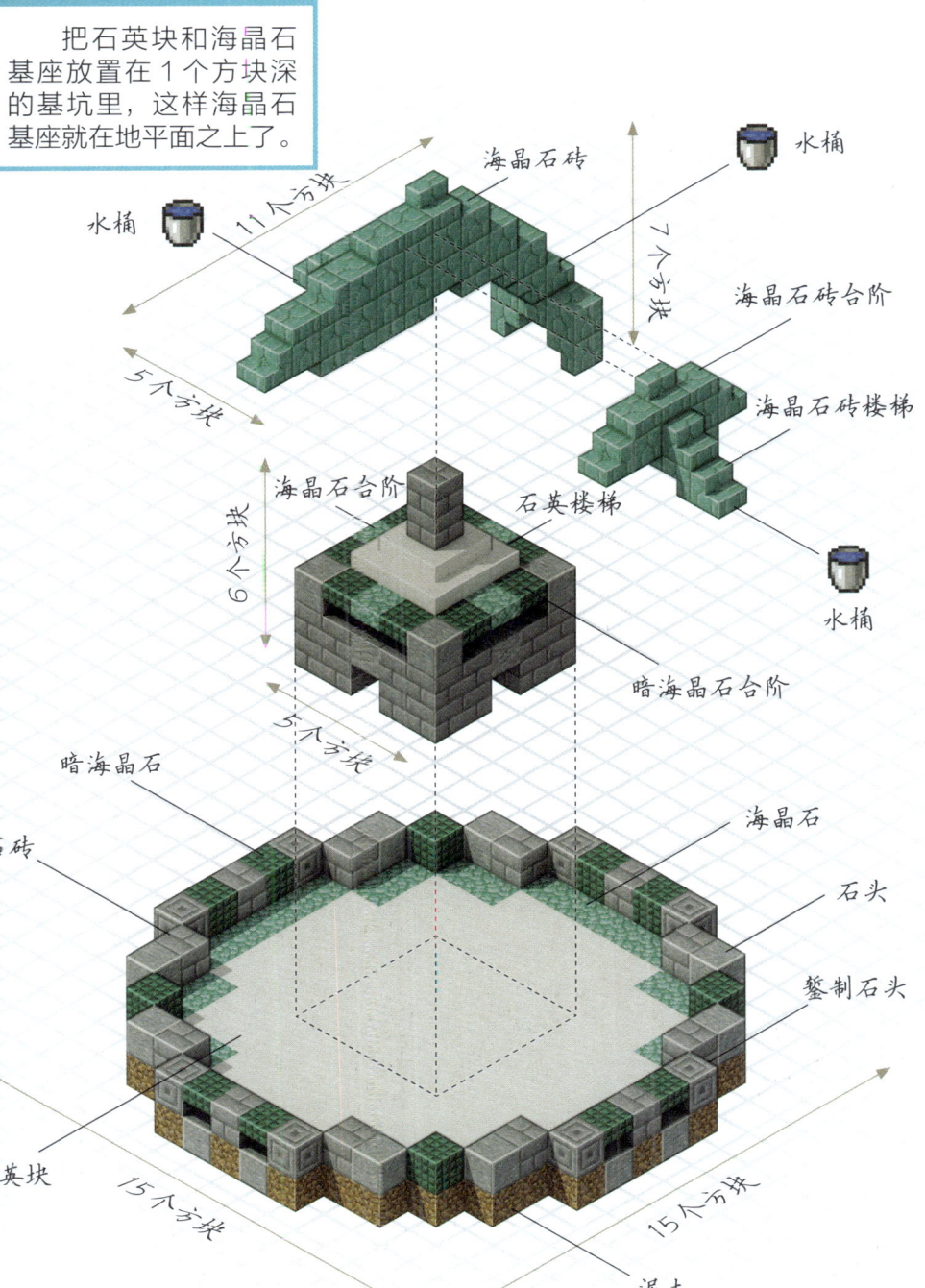

鸟舍金字塔

这个奇妙的建筑有着玻璃墙壁，以几何图形为主要的装饰特色。它主要由一棵定做的树和鸟的栖木建造而成，是为那些有羽毛的朋友准备的。金字塔的地基是正方形的，周围有四条斜边，非常坚固。它看起来很壮观，所以建造起来没有那么简单哟。

难度：★★★☆☆

⏱ 30 分钟

1 首先,用草方块、石英砖和黑石为鸟舍设计好地基。

2 用磨制黑石砖和橙色染色玻璃围着地基建造2个方块高的墙壁。

3 然后,用同样的方块,围着地基墙壁再建1层,要比原来的墙壁窄1个方块。

4

用磨制黑石和磨制黑石楼梯再砌1层窄1个方块的墙。

5

继续用磨制黑石砖和橙色染色玻璃向上砌3层墙,每一层都比上一层窄1个方块。

6

使用錾制磨制黑石搭建屋顶,金字塔就建造完成了。然后,在金字塔的入口处放置2扇白桦木门。

7

接着,用磨制黑石砖和橙色染色玻璃在金字塔前面建造门厅,并在门厅入口处再放置2扇白桦木门。

8

如图所示,将金字塔内部的草方块替换成用石头、石台阶和石楼梯搭建的池塘。然后,选择一个区域,用丛林木块搭建一棵树。

9

继续用5个丛林木块搭建这棵树。如图所示,用草方块、石头、石台阶和石楼梯为池塘建造一座小山。

10

再用5个丛林木块给树加上树枝,并在入口处摆放一些丛林树叶。

11

如图所示,使用丛林木块搭建树枝,并在新树枝上再加2根树枝。

栖木

12

接着,靠着树枝放置6个丛林木栅栏,鸟舍的鸟就有栖木了。

13

给树枝加上丛林树叶，这样，一棵树就搭建完成了。

14

用水桶将池塘灌满水，然后在池塘周围放上蕨和花。

15

最后，将鹦鹉放在金字塔里，鸟舍就建造完成了。注意，你要确保门是关好的，这样鹦鹉才能安全地待在里面。

深海潜艇

在海洋下面藏着一个完整的世界。没有什么方式比用你自己的私人潜艇去看看它更好的了。想完成这个水下建筑,你需要解决一些水下建造独有的问题。

难度:
★★★★☆
⏱ 40 分钟

1

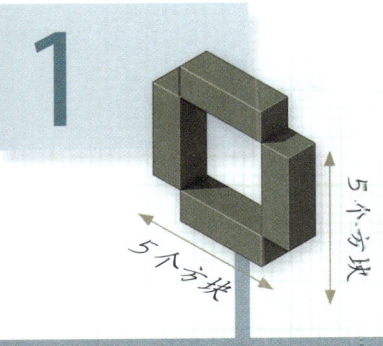

首先，用淡灰色混凝土做一个环形，这就是潜水艇的艇体。

2

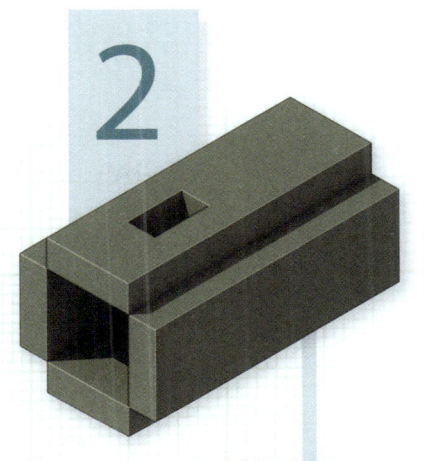

把潜水艇的艇体扩展成 9 个方块长的几何体，在中间的位置留出 2 个方块大的缺口。

3

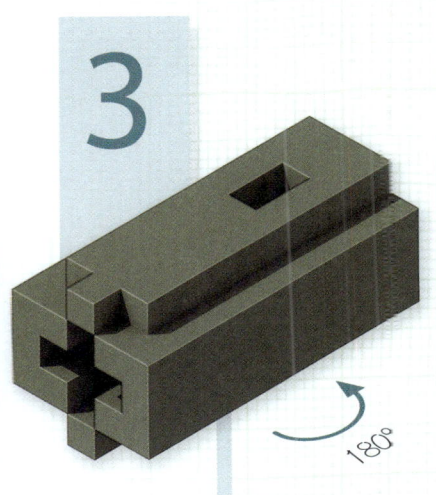

在艇体尾部添加淡灰色混凝土的墙，留出一个加号形状的缺口。

4

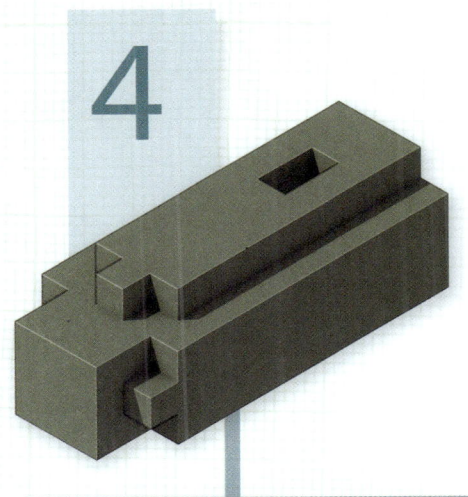

在艇体尾部再添加 2 面淡灰色混凝土的墙。

用玻璃方块和铁块给潜水艇搭建头部。

接着,在潜水艇的顶部,也就是那2个方块缺口的上方,用淡灰色混凝土和磨制安山岩楼梯搭建顶翼。

在潜水艇的顶翼两边,用磨制安山岩、磨制安山岩楼梯和磨制安山岩台阶搭建双翼。

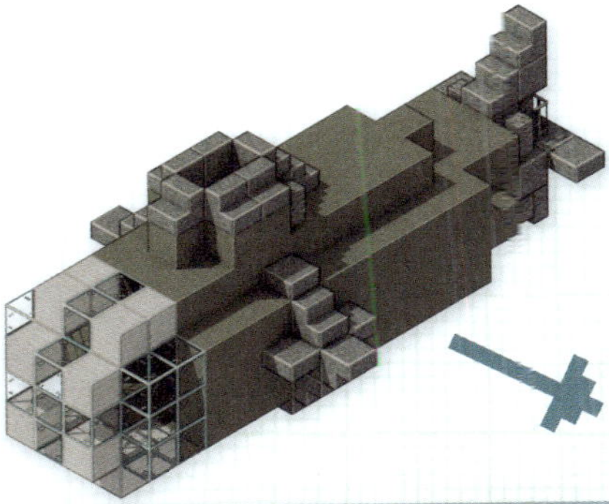

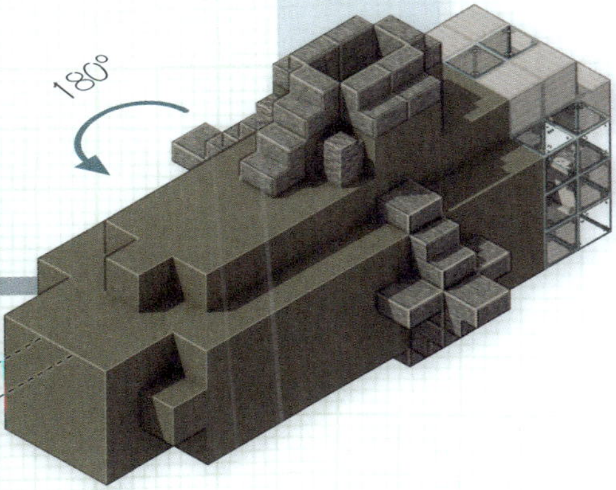

如图所示，在潜水艇的尾部，用磨制安山岩楼梯、安山岩墙、磨制安山岩台阶、磨制安山岩、淡灰色混凝土和高炉建造潜水艇的螺旋桨。

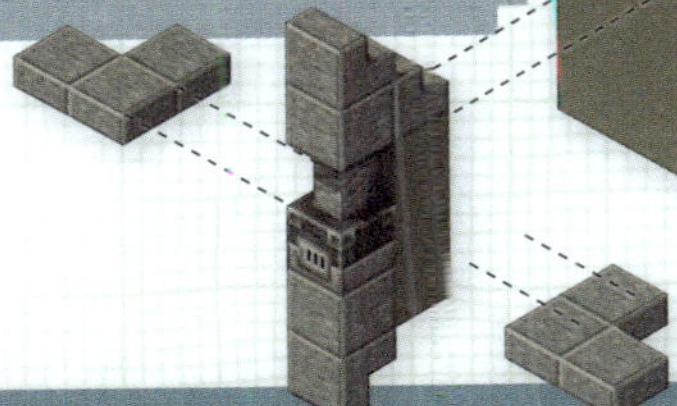

潜水艇外观

可以用更多的磨制安山岩把你的潜水艇外部做得更好看。简单调整一些方块，就可以把这条素雅的"灰鱼"变成让人印象深刻的深海潜艇。

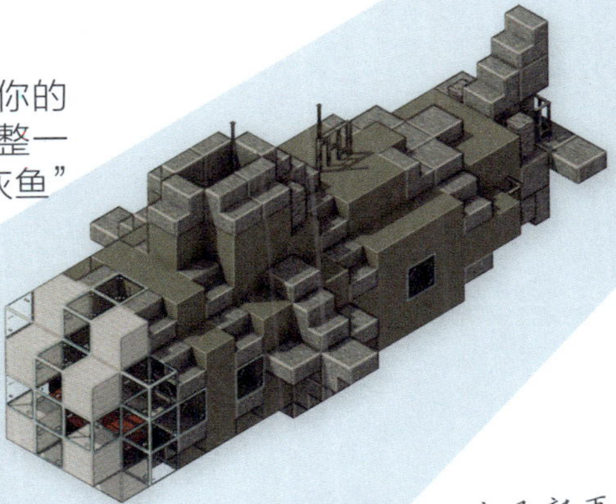

去掉一些淡灰色混凝土，或者用磨制安山岩楼梯和玻璃方块代替它们。

在潜水艇的尾部再加一些磨制安山岩台阶和磨制安山岩楼梯。

水下气闸室

水下建筑物的两大威胁是泛滥的洪水和淹死的敌对生物。建造一个气闸室,你就可以避免前者。那就是说,你不用冒着洪水泛滥的风险进出任何水下建筑。

难度:
★★☆☆☆
🕐 20 分钟

建造技巧

红石粉不能放在水下。在开始建造之前，用临时方块和海绵做个气泡。建造完成以后，再把临时方块去掉。

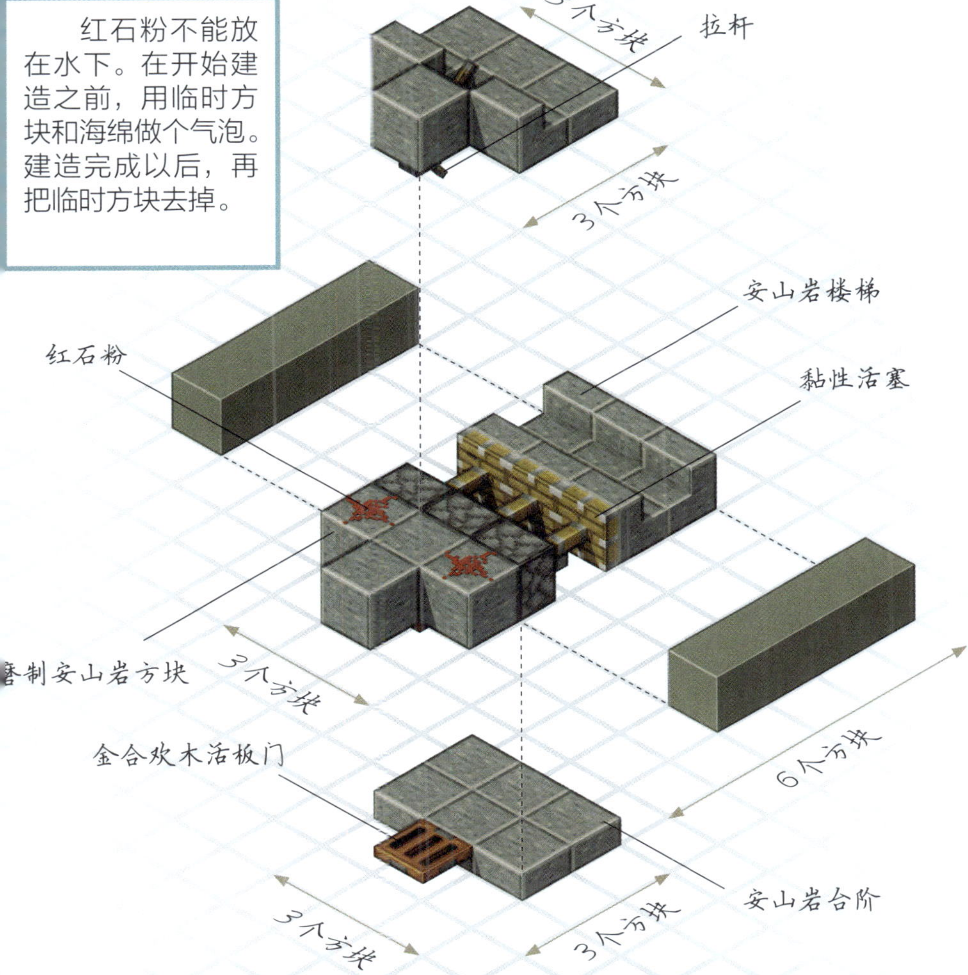

- 3个方块
- 拉杆
- 3个方块
- 安山岩楼梯
- 黏性活塞
- 红石粉
- 磨制安山岩方块
- 3个方块
- 6个方块
- 金合欢木活板门
- 安山岩台阶
- 3个方块
- 3个方块

红石装置

气闸室可以直接装到深海潜艇底部。只需要轻轻移动拉杆就可以把活板门打开，然后你就可以爬进去了！之后，活板门会自动关闭。

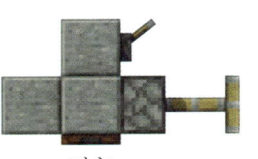

侧视

俯视

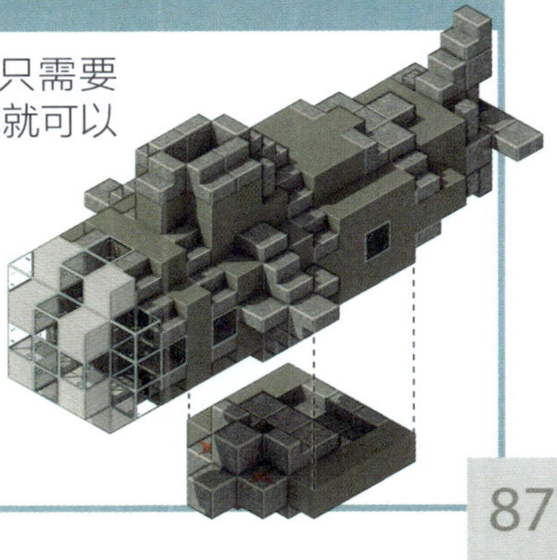

组合挑战

如果你都看到这儿了，那么恭喜你！你肯定是名副其实的搭建者。但是，你还没有做完呢！这本书里的指南包括了许多很有用的搭建技巧，我们希望你能把技巧用到这个测试中。

下面列出一系列的组合挑战。我们希望你能用这本书里的指南和建造技巧把这些建筑组合起来。只要你觉得合适，怎么组合这些建筑都可以：你可以改变这些建筑的大小，可以选择搭建新的方块，或者改进设计方案。

1 节日迷宫 + 树林中的苦力怕
创建一个节日迷宫，并在中间放置一个苦力怕作为装饰。

2 海豚喷泉 + 鸟舍金字塔
把海豚喷泉和鸟舍金字塔融合成一个建筑。

3 火车站 + 矿车收集器
用多个站台做个运输系统。

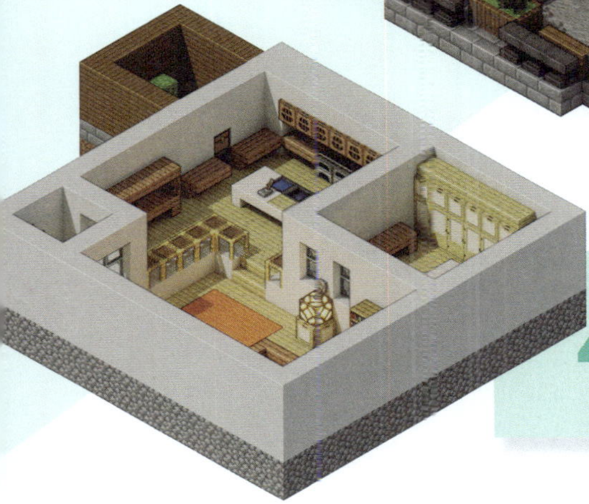

4 物品销毁器 + 隐藏地堡
建造一个隐藏地堡,在里面嵌入物品销毁器。

5 幸存者的保险库 + 警报系统
给你的保险库加上警报系统,这样就多了一层保护。

结束语

我们成功了!我们飞过天空,潜入海底,保护了主世界免受下界入侵。当太阳落山时,我们还可以去海滩木屋里观赏日落。

我们的乐趣并没有在这里终止!这些建造教程教会了我们一些核心技巧,帮助我们更顺利地完成了搭建工程。我们希望你受到启发,可以创建新的建筑,优化旧的建筑。我们等不及想看看你用学到的新知识创造出哪些建筑了。

记住,在《我的世界》中,创造是没有对错的。这是你的游戏,你是世界的主宰。接受你的创造力,听从你的内心,玩开心点儿!